Obacht an der Wäschespinne!
Die Siedlung als Element des Städtebaus

Deutsch-deutsche Stadtplanung
in Ansichtskarten 1949 bis 1989

Obacht an der Wäschespinne!
Die Siedlung als Element des Städtebaus
Deutsch-deutsche Stadtplanung in Ansichtskarten 1949 bis 1989

Ulrich Brinkmann

Wäsche flattern lassen im Siedlungsraum – in Sangerhausen-Süd geht das bis heute, und wer von Richtung Süden über die Erfurter Straße in die Stadt fährt, kann sich daran vielleicht erfreuen.

Heimat Neubaugebiet

»Aber wer ein Reihenhaus hat, der geht nicht verloren.«

Peter Kurzeck: Der vorige Sommer und der Sommer davor, 2019

Für Kinder ist es toll, am Rand einer wachsenden Stadt aufzuwachsen: Die Freizeit spielt sich inmitten einer Jahre währenden Baustelle ab, auf der sich das Wachsen der Welt parallel mit dem eigenen Großwerden vollzieht und sich so eine unmittelbare Verbindung vom Selbst zur Gemeinschaft der Menschen aufbauen lässt. Man sieht große Geräte Gruben ausheben, Erdhaufen wachsen, leere Kipplastwagen kommen und beladene wieder davonrollen, dann in den Gruben Bodenplatten und Kellerwände entstehen, schließlich Rohbauten aus der Erde ragen. Drumherum eine herrliche, zum Mitbuddeln und Mitmatschen einladende Wildnis aus Sand, Pfützen, Steinen, leeren Bierflaschen und einer kaum zu überblickenden Menge an liegen gebliebenen Werkzeugen und Dingen für die rätselhaftesten, die Fantasie anregenden Zwecke, die sich nach dem täglich herbeigesehnten Feierabend der Arbeiter ausprobieren lassen: Wenn die Maurer und Stahlbetonbauer ihren Kram einpacken, sich in ihre VW-Bus- oder Ford-Transit-Doppelkabinen quetschen und von dannen fahren, schlägt die Stunde einer hemmungslosen Zwergentruppe, um diese Welt bis zum Abendbrot oder vielleicht sogar bis zum Abendgebet in Besitz zu nehmen.

So zumindest war es in den Siebzigerjahren am Stadtrand von Paderborn. Ich habe den Geruch des frischen Mörtels, der Kalksandsteine und Hohllochziegel noch in der Nase, spüre noch den trocknenden Restspeis, der aus dem Mischer geschüttet irgendwo am Rand des Geschehens hart wird, und den Staub der Schaltafeln zwischen den Fingern; und wenn ich still werde und mich in die Erinnerung fallen lasse, vermeine ich auch von einem Nachschwingen der Aufregung noch berührt zu werden, die sich erhob, wenn am frühen Abend ebenso plötzlich wie erwartbar die Architektin in ihrem roten 2CV auftauchte und die Kinderschar auseinanderstieben ließ.

Wie anders ist es heute, wenn ich nicht nur in der Erinnerung, sondern tatsächlich dahin zurückkehre! Die Welt ist fertig, alles ist gepflastert, alles immerzu sauber, immerzu aufgeräumt. Nirgends noch ein Ort, wo sich für Kinder Hand anlegen ließe. Darin unterscheiden sich die Siedlungsräume der zweiten Hälfte des 20. Jahrhunderts zwar nicht von älteren Quartieren. Was ihnen gegenüber diesen aber fehlt, ist die Hoffnung auf das Unerwartete, die den Städter mit jedem Verlassen des Hauses erfasst, die Neugierde darauf, wem und was man wohl heute begegnen mag auf dem Weg zur Arbeit, zum Einkaufen, zu einer Abendveranstaltung. Es fehlt ihnen die zwischen den historischen Mauern der Städte spürbare und beschwingende Gewissheit, in jedem Moment dem Menschen gegenüberstehen zu können, den man seit der Geburt schon sucht, nachdem man im letzten Augenblick des vorigen Lebens von ihm lassen musste. Wer weiß, wie lange die Zeilenbausiedlungen der Fünfziger-, die »Urbanität durch Dichte«-Gebirge der Sechziger-, die Terrassenhaus-Hügel der Siebzigerjahre benötigen, sich mit genügend gelebtem Leben aufzuladen, um diese freudige Erwartung auszulösen, die dem Städter das Dasein inmitten der alltäglichen Zumutungen nicht nur möglich macht, sondern es poetisiert.

Die nach dem Zweiten Weltkrieg neu entstandenen Stadtareale stehen nach den Bänden über Fußgängerzonen[1] und Autostraßen[2] am Schluss der Betrachtung des deutsch/deutschen Städtebau-Alltags und wie er sich im Medium der Ansichtskarte widerspiegelt. Für die im zweiten Band behandelte neue Infrastruktur sind die neuen Siedlungen eine maßgebliche Erklärung: Das nach dem Zweiten Weltkrieg jahrzehntelang wachsende Verkehrsaufkommen hat seine Begründung nicht nur im gewachsenen Wohlstand, sondern eben auch im immer weiteren Wachsen des bebauten Stadtgebiets bei gleichzeitiger Trennung von Wohnen, Arbeiten und Freizeitangeboten, so dass sich der Alltag ohne eigenen Pkw zunehmend schwer organisieren ließ. Das gilt besonders, aber nicht nur für die Bundesrepublik – in der DDR war ein neues Einfamilienhaus zwar lediglich für eine Minderheit eine Wohnperspektive, und Bautypen wie die in der BRD in den Sechzigerjahren häufigen Reihenhäuser und Bungalow-Siedlungen spielten kaum eine Rolle, doch eine Geschosswohnung im Neubaugebiet war auch dort begehrt. Stärker aber war diese Tendenz zur »Auflösung der Städte« in ihr Umland in der alten Bundesrepublik, und ihre Folgen waren dort auch schon vor der Wiedervereinigung absehbar. Eine nachholende Entwicklung hat das nach 1990 in den »fünf neuen Bundesländern« nicht verhindern können. Wie problematisch diese Stadtentwicklung ist, dürfte unter den Bedingungen des Einwohnerverlusts um die Jahrtausendwende auch im letzten Stadtplanungsamt realisiert worden sein. Heute schlägt den immer neuen Baugebieten, sei es für Wohnzwecke, sei es für großflächigen Einzelhandel, gleich eine ganze Welle von Argumenten für eine Kehrtwende entgegen: Es gilt die historischen Zentren zu stärken, die als bloßer Einzelhandelsstandort keine sichere Zukunft haben, sondern wieder um andere Funktionen bereichert werden müssen; es gilt den Autoverkehr zu reduzieren, um die CO2- und Feinstaubbelastung zu verringern; es gilt die städtischen Versorgungsnetze wie Gas, Strom und Wasser zu stabilisieren, statt immer weiter auszudehnen; es gilt den Landschaftsverbrauch zu stoppen; es gilt Gemeinsinn, Begegnung und Teilhabe

1 Ulrich Brinkmann: Achtung vor dem Blumenkübel! Die Fußgängerzone als Element des Städtebaus, Berlin 2020.

2 Ulrich Brinkmann: Vorsicht auf dem Wendehammer! Die Straße als Element des Städtebaus, Berlin 2023.

der Bürger durch einladend gestaltete öffentliche Räume zu fördern. Architektinnen und Stadtplanern dürfte auch noch eine vage Idee von Schönheit im Kopf herumspuken, die sich in den peripheren »Wildschweingebieten«, die in den vergangenen 30, 40 Jahren bebaut worden sind, nirgends aufspüren lässt, egal, ob man nun in Schleswig-Holstein oder in Oberbayern danach sucht – das immerhin war bis Anfang der Siebzigerjahre noch anders, als zumindest eine gewisse Kohärenz im Siedlungsbild erzielt wurde, teilweise sogar mit Architektur, die diese Bezeichnung verdient.

So sieht es Anfang 2023 danach aus, als stünden die Stadtrandgebiete der vergangenen 70 Jahre vor grundsätzlichen Veränderungen – daran hat auch die Corona-Pandemie, die das Leben zu Beginn dieses Jahrzehnts über Wochen, ja Monate auf den privaten Raum und das unmittelbare Umfeld beschränkte, nichts geändert; sie hat allenfalls die Aufmerksamkeit auf grundlegende Wohnqualitäten auch in innerstädtischen Lagen gerichtet. Letztlich braucht es in den Stadtrandsiedlungen wie in den Fußgängerzonen und den ausschließlich dem Autoverkehr gewidmeten Stadtstraßen eine Verdichtung von Funktionen und damit eine größere Elastizität im Profil der Nutzungen: mit Wohntypologien, die das Einfamilienhaus für die Mittelklasse-Kleinfamilie und die Sozialwohnung für die Arbeiter-Kleinfamilie ergänzen und eine größere Bevölkerungsdichte generieren, damit öffentlicher Nahverkehr rentabler und attraktiver werden kann. Mit Flächen für wohnverträgliche Produktion, und mit öffentlichen Räumen, die Aufenthaltsqualität bieten und nicht nur als Autostellplatz und Hundetoilette fungieren. In welcher Siedlung gibt es heute eigentlich einen richtigen »Platz«, einen definierten Ort auch für zufällige Begegnungen unterschiedlicher Bewohnergruppen? Einen Platz mit Bäumen und Bänken und vielleicht mit einem Springbrunnen, mit Platz zum Pöhlen (Fußballspielen) wie zum Großschach oder Boule-Spiel, einen Platz für die Kleinen wie die Großen, für Junge wie Alte? Der Bedarf daran wird unmittelbar deutlich, wenn man Postkarten dieser Stadtgebiete betrachtet, die zum Zeitpunkt ihres Entstehens aufgenommen wurden und als repräsentativ verstanden werden können, ohne dass sie von der jeweiligen Wohnungsgesellschaft oder dem Bauträger, dem Stadtplanungsamt oder einem Planungsbüro in Auftrag gegeben worden wären. Die städtebaulichen, architektonischen und landschaftsarchitektonischen Typologien, die diese peripheren, von wenig Öffentlichkeit, wenig Urbanität geprägten Siedlungsgebiete kennzeichnen, seien zum Auftakt anhand von zwei Gründungsstädten des Nachkriegsdeutschlands aufgezeigt, die beispielhaft für diese Epoche der Stadtentwicklung nicht nur in Deutschland stehen: Wolfsburg und Eisenhüttenstadt. Die spezielle Aussagekraft dieser beiden Städte wurde schon früh nach der Wiedervereinigung erkannt und gewürdigt.[3] Hier soll denn auch nicht eine bereits hinlänglich erforschte Stadtstruktur und ihre Geschichte nacherzählt werden, sondern wiederum der Blick darauf gerichtet sein, wie ihre jeweilige Besonderheit auf Ansichtspostkarten ins Bild gesetzt worden ist. Als Orte, die einst mit

3 Aufbau West – Aufbau Ost: die Planstädte Wolfsburg und Eisenhüttenstadt in der Nachkriegszeit, Ausstellung Deutsches Historisches Museum Berlin, Zeughaus, 16. Mai bis 12. August 1997, in Zusammenarbeit mit dem Institut für Museen und Stadtgeschichte Wolfsburg und dem Städtischen Museum Eisenhüttenstadt.

besonderer Ambition geplant wurden, setzen sie einen brauchbaren Maßstab, um beurteilen zu können, was anderenorts in der Bundesrepublik und der DDR entstanden ist. Denn darum geht es bei diesem Blick zurück letztlich: Besonderheiten zu erkennen, um da, wo es angezeigt ist, Identifikation zu ermöglichen, angemesssene Pflege einzufordern oder vor Abriss und Neubebauung wenigstens noch einmal eine Art von gesellschaftlicher Würdigung anzuregen. Taugt das, was ich sehe, wenn ich vom Balkon meiner Fünfzigerjahre-Wohnung blicke, aufgenommen zu werden in den Kanon der Stadtgeschichte? Wer das Glück hat, im Berliner Hansaviertel zu wohnen oder im Märkischen Viertel, in Bremens Neuer Vahr oder in Köln-Chorweiler, wird diese Frage vielleicht bejahen. Wer aber in Paderborns Fontanestraße steht oder in der Leninstraße in Sangerhausen, im Schweriner Wohngebiet Großer Dreesch oder in der »Vertriebenenstadt« Traunreut, der wird vor einer Antwort möglicherweise genauer hinschauen und länger nachdenken müssen. Was sehen wir eigentlich an diesen Orten? Sind das überhaupt Orte? Und wenn nein – was fehlt ihnen, um Ort zu sein? Ist seit dem Erstbezug dort irgendetwas entstanden, was dazu beiträgt? Wie sind wir mit diesen Bereichen der Stadt umgegangen? Was ist in den vergangenen Jahrzehnten hinzugekommen außer all den Generationen von Baumarkt-Produkten, die das ursprüngliche Erscheinungsbild Modernisierungsmaßnahme um Modernisierungsmaßnahme stärker verfremdet haben? Das nächste Wäscheaufhängen an der wohnungsgesellschaftseigenen Wäschestange zwischen den Wohnblöcken könnte der Moment sein, sich Fragen wie diese zu stellen – also Obacht an der Wäschespinne!

Neustadt Ost: Stalinstadt/Eisenhüttenstadt

»Für ein glückliches Leben auch unserer Kinder opferten die Sowjetmenschen Gut und Blut. Ehrenmal in Stalinstadt«

Ansichtskarte der Gesellschaft für Deutsch-Sowjetische Freundschaft, 1955

Die DDR-Neustadt Stalinstadt wurde nach 1950 als Wohnstadt für das später namengebende Eisenhüttenkombinat Ost rund drei Kilometer westlich des alten Ortes Fürstenberg angelegt, mit dem sie im Zuge der Entstalinisierung 1961 zu Eisenhüttenstadt verschmolz. Der Rahmenplan für die ersten, heute denkmalgeschützten Wohnkomplexe im Stil der »Nationalen Tradition«, welche sozusagen die »Altstadt« der Neustadt bilden, stammt aus der Hand von Architekt Kurt W. Leucht (1913–2001). Der Sachse gehörte einer Generation an, die noch vor dem Zweiten Weltkrieg ihre Ausbildung erfahren und während des Nationalsozialismus erste Berufserfahrungen gesammelt hatte. Längst nicht alle seiner Alterskollegen aber waren schon im Frühjahr 1933 in die NSDAP eingetreten, hatten im Büro des Berliner Architekten Ernst Sagebiel gearbeitet, der das Reichsluftfahrtministerium und den Neubau des Flughafens Tempelhof plante, und dann als Stabsbauleiter Verantwortung für Projekte in Weißrussland und Italien übernommen. Erstaunlich, dass Leucht dennoch eine bedeutende Karriere im sozialistischen Deutschland zuteil wurde – zeitgleich zum Entwurf für Stalinstadt plante er die D-Blöcke an der Berliner Stalinallee, später wirkte er an den Planungen für die Neugestaltung der Zentren von Magdeburg, Leipzig, Dresden und Suhl mit. An der Realisierung von Stalinstadt/Eisenhüttenstadt waren dann aber etliche weitere Planer beteiligt, vor allem der junge Herbert Härtel (Jahrgang 1928), der 1955 zum stellvertretenden Chefarchitekten der neuen Stadt berufen und 1958 zum Chefarchitekten ernannt wurde – mit gerade 30 Jahren. Die Magistrale Leninallee, die 1958–64 bebaute Hauptgeschäftsstraße von Stalinstadt, zeigt gegenüber den ersten drei Wohnkomplexen den neuen, an Gestaltungsprinzipien der westlichen Nachkriegsmoderne orientierten Geist der Planung, der mit der Berufung Härtels Einzug hielt.

Wie auch immer die Leitbilder aussahen, die den Aufbau prägten – als Postkartenmotiv reüssierte Stalinstadt schnell, war es doch »die erste sozialistische Stadt auf deutschem Boden« und damit ein Propaganda-Objekt erster Güte. Entsprechend pathosgeladene Bilder finden sich aus dem ersten Jahrzehnt des Ortes. Später dagegen neigen die Postkartenansichten zum Stil jener eher alltäglich wirkenden Darstellungen, der, aus heutiger Sicht, vor allem die Neubauviertel der DDR in eine Atmosphäre neorealistischer Melancholie tauchte, die sich des finalen Sieges des Sozialismus keineswegs mehr ganz sicher schien. Damit einher ging ein Rückgang der Stadtabbildung in diesem Medium – von den Wohnkomplexen IV, V, VI, VII und VIII wurden signifikant weniger Ansichtskarten produziert als von den ersten drei.

Stalinstadt
Planschbecken im Wohnblock Karl-Marx-Straße mit Durchblick zur HO-Gaststätte *Aktivist*

Ein Beispiel für die fotografische Inszenierung der neuen Stadt ist eine 1955 von der Gesellschaft für Deutsch-Sowjetische Freundschaft (DSF) vertriebene Postkarte des 1951 aufgestellten sowjetischen Ehrenmals am Platz der DSF **(1)**: Eine ausgelassene Kinderschar, die Zukunft des Landes, läuft auf die Kamera des Fotografen zu, darüber wacht der Rote Stern auf dem Obelisken: »Für ein glückliches Leben auch unserer Kinder opferten die Sowjetmenschen Gut und Blut«, ist auf der Rückseite der Karte aufgedruckt. Der große, in Nord-Süd-Richtung lang gestreckte Platz bildet das Zentrum des ersten Wohnkomplexes, außer dem in der Mitte platzierten Obelisken liegt an seiner Ostseite mit der ersten Schule der Stadt auch ein wichtiges öffentliches Gebäude. In dem hier betrachteten Zusammenhang lohnt aber zudem ein Blick auf das, was auf der Ansichtskarte den eher unauffälligen Hintergrund bildet: die Wohnhäuser. Bei ihnen handelt es sich um gestalterisch nicht sonderlich opulente, an die Zwischenkriegsmoderne erinnernde Zeilenbauten, die noch ein wenig unsicher wirken, welcher architektonische Weg einzuschlagen sei für das bedeutungsgeladene Projekt, der »Sozialistischen Stadt« Form zu geben. Auch eine um die Ecke aufgenommene, 1953 gedruckte Karte der »Straße zum Denkmalsplatz« **(2)** könnte die Vermutung erlauben, dass der erste Wohnkomplex der neuen Stadt für sich allein als wenig tauglich für eine propagandistische Verwertung angesehen wurde, es schon einen besonderen Anlass brauchte, um eine entsprechende Inszenierung möglich zu machen. Was genau an jenem Tag die sonntäglich gekleidete Masse an Menschen auf die Straße brachte, ist dem Dokument nicht zu entnehmen, aber es liegt nahe, dass es eine Kundgebung auf dem Platz der DSF war. Die EMW-Limousinen, die links vor der Ladenzeile und rechts am Straßenrand stehen, waren Anfang der Fünfzigerjahre jedenfalls gern von den staatlichen Organen beziehungsweise höheren Funktionären gefahrene Wagen, die sich einem festlichen oder politisch bedeutsamen Anlass gut zuordnen lassen. Auch der Fahnenschmuck an den Gebäuden deutet darauf hin. Ohne all dieses, vom Anlass bestimmtes Treiben aber bleibt nicht viel Eindrucksvolles übrig: viergeschossige Zeilenbauten mit flach geneigten Dächern zum Wohnen, ein eingeschossiger Pavillon mit Läden – der WK I ist eine im Sinn der Zeit moderne Siedlung, eine Stadt aber ist das nicht.

Mit dem Kurswechsel in der Baupolitik, weg von der nun verfemten Moderne des Klassenfeinds, hin zur »Architektur der Nationalen Tradition«, sollte das Angebot an einprägsamen Motiven der neuen Stadt sprunghaft ansteigen: Der zweite Wohnkomplex, der, ab 1953 errichtet, unmittelbar südlich an den ersten anschließt, zeigt einen Reichtum an Details und Aufwand der Ausführung, der noch heute zu faszinieren vermag. Ähnlich wie bei der Berliner Stalinallee changiert das Erscheinungsbild zwischen den klassizistisch-traditionellen Einzelformen und der durchaus modernen Struktur. Die Gebäude markieren zwar eine Abkehr vom Zeilenbau der Zwischenkriegsmoderne, indem sie mit ihren geschlossenen Blockecken klar definierte Straßen- und Hofräume bilden, wie es bis zum Ersten Weltkrieg im europäischen Städtebau üblich war, zugleich aber

verzichten sie auf eine Unterteilung dieser langen Fluchten in einzelne Häuser, wie sie durch eine Parzellierung des Geländes entstehen, und die vermeintlichen Höfe sind allgemein zugängliche (und zum Teil aufwendig gestaltete) Grünanlagen, nicht, wie in der kapitalistischen Stadt, halböffentliche Rückräume für Werkstätten, Abstellflächen und einfachere Wohnlagen. Wenn man will, gibt es keine Vorder- und Rückseiten, sondern zum Straßen- oder zum Grün orientierte Fassaden, die Bauten aber stehen inmitten öffentlichen Raums.
Einen guten Eindruck von dieser Verzahnung unterschiedlicher Raumcharaktere vermitteln zwei am Ende des ersten Jahrzehnts von Stalinstadt gedruckte Postkarten. Die eine, aus dem Jahr 1958, wurde im südöstlichen Block des zweiten Wohnkomplexes aufgenommen, mit Blickrichtung nach Norden **(6)**: Am rechten Rand der Aufnahme ragt der kurze Gebäudeflügel ins Bild, der die Straßenrandbebauung an der Karl-Marx-Straße um die Ecke knicken lässt, statt sie als stumpfe Zeile enden zu lassen; im Hintergrund ist die östlich dieses Straßenzugs angeordnete Gaststätte *Aktivist* zu sehen. Das eigentliche Motiv aber ist die im Blockinneren platzierte »Kinderplansche«, die eine ganz andere Wohnqualität ahnen lässt, als sie jenen beschieden war, die ihre Kindheit in den Höfen eines gründerzeitlichen Stadtquartiers verbrachten. Die andere Postkarte, zwei Jahre später produziert, zeigt eine Situation aus dem 3. Wohnkomplex, der dem WK II westlich benachbart angeordnet wurde **(11)**: und zwar den Blick aus dem nördlichen Baufeld nach Süden in die Heinrich-Heine-Allee, den zentralen Raum dieses Stadtquartiers. Der Duktus der Gebäude demonstriert mit hohen Dächern und glatten Putzfassaden eine Abkehr vom aufwendig detaillierten Neoklassizismus des WK II, mit der eben noch ins Bild ragenden Selbstbedienungskaufhalle sogar den Aufbruch in die Nachkriegsmoderne, die die Entwicklung von Stalin- beziehungsweise Eisenhüttenstadt in den Sechzigerjahren an der Magistrale, vor allem aber auch im Wohnkomplex V prägen wird. Auffällig sind zudem die gärtnerische Gestaltung und der beiläufige Übergang von »Innenhof« zum Quartiersplatz. »Licht, Luft und Sonne«, das Motto der modernen Stadtplanung, waren in Stalinstadt reichlich vorhanden, ergänzt um das Element Wasser, mochte die Abkehr von der Moderne Mitte der Fünfzigerjahre auch noch so oft beschworen worden sein.
Dieser Befund ergibt sich auch bei der Dimensionierung und Gestaltung der wohnkomplexinternen Raumzüge. Im Wohnkomplex II beispielsweise verläuft parallel zur Karl-Marx-Straße die Erich-Weinert-Allee, deren Charakter ebenfalls von Grünflächen, mehr noch aber von den auf der einen Seite angeordneten Einrichtungen zur Kinderbetreuung geprägt wird. Diese zählen nur zwei Geschosse, so dass die Nachmittags- beziehungsweise Abendsonne lange auf den Straßenraum und die Wohnhäuser auf der Ostseite scheint. Eine 1961 gedruckte Postkarte zeigt die Weinert-Allee eher als eine Promenade für Flaneure denn als eine innerstädtische Verkehrsfläche **(7)**, wozu die Dimensionierung des Stadtraums und der Grünanlagen, aber auch das Fehlen jeglicher Handels- und Dienstleistungsangebote beiträgt. Ähnlich die westlich parallel verlaufende

Pawlowallee: Auf einer 1970 gedruckten Ansichtskarte (9) präsentiert sich diese südliche Verlängerung der Magistrale als zwar üppig dimensioniert, aber von geschwungenen Wegen und reichlich Grün dominiert. Als Verkehrsraum spielt sie dadurch so gut wie keine Rolle, auch wenn hier und da ein Pkw parkt. Zumindest für den Fußgänger wird mit den vorgenommenen Bepflanzungen sogar ihre Funktion überspielt als Sichtverbindung vom Städtischen Krankenhaus, von dem aus die Aufnahme aufgenommen wurde, über den nie fertiggestellten Zentralen Platz mit den öffentlichen Bauten der Stadt in die Leninallee und zum Stahlwerk – die Postkarte allerdings schaut über alle Hindernisse hinweg, um die Anlage der Stadt deutlich werden zu lassen.

Sehr viel städtischer muten die quer zu Weinert- und Pawlowallee verlaufenden Straßen an, etwa die Straße der Jugend, heute Saarlouiser Straße, und die Straße der Republik im Wohnkomplex II. Ein an der Ecke John-Schehr-Straße (heute Poststraße) aus dem Obergeschoss eines Hauses aufgenommener, 1956 als Postkarte gedruckter Blick in diesen Stadtraum zeigt alles, was es für »Urbanität« im klassischen Sinne braucht (4): eine Mischung der Verkehrsformen (bei großzügiger Bemessung gerade auch der Trottoirs) und Handels- beziehungsweise Dienstleistungsangebote in den Erdgeschossen, aber auch architektonische Elemente, die die Beziehung von privaten und städtischen Orten gestalterisch artikulieren, wie den Versprung von Fassaden, so dass übereck belichtete Innenräume den Bewohnern die Sicht in die Tiefe der Straße öffnen, Vorbereiche der Läden, die Schwellenräume darstellen zwischen dem Verkehr und den Hauseingängen, Arkaden an den Ecken mit Terrassen vor den Obergeschossen. Auf der Abbildung wirkt die Straße der Jugend durch all dies wie ein von unten bis oben zu erobernder Raum, mit geradezu theaterhaft gedachten Aufenthaltsqualitäten, wie man sie aus historischen Städten kennt.

Kein Wunder, dass heute für die Eisenhüttenstädter der WK II ein Ort der Identifikation ist, dessen Gebäude mit dem Bemühen saniert wurden, seine ihm innewohnende Qualität über die Zeiten der Schrumpfung zu retten. Der Leerstand konnte hier sowie in den anderen drei Wohnkomplexen aus der Gründungsphase der Stadt abgebaut werden, angesichts der Halbierung der Einwohnerzahl in 30 Jahren: von über 50.000 im Jahr 1990 auf knapp 24.000 Ende 2019 – eine beachtliche Entwicklung. Keine Frage, der Schutz dieser Keimzelle der »ersten sozialistischen Stadt Deutschlands« war für ihre Fortexistenz unabdingbar. Wer heute nach Eisenhüttenstadt kommt, erhält im *Dokumentationszentrum Alltagskultur der DDR*, das in der ehemaligen Kindertagesstätte an der Erich-Weinert-Allee eingerichtet worden ist, einen Faltplan mit Vorschlägen zu thematischen Rundgängen durch die ersten drei Wohnkomplexe. Der vierte bleibt davon ausgespart, alle späteren werden nicht mal mit abgebildet – obwohl sich auch dort durchaus vorzeigbare Architekturen befunden haben oder noch immer befinden, wenn auch in weitaus weniger vorzeigbarem Zustand.[1] Doch konzentrieren sich in den Wohnkomplexen V bis VII die schrumpfungsbedingten Abrisse, und die fragmentierten bis komplett verschwundenen Räume, die

1 Architekturführer DDR. Bezirk Frankfurt (Oder), Berlin (Ost) 1987.

sich heute dort dem Auge bieten, sind als Zielort für Stadttouristen noch nicht salonfähig – auch wenn in Eisenhüttenstadt in den Jahren nach der Jahrtausendwende sogar Postkarten der Rückbauaktivitäten gedruckt wurden **(21)**. Wenn eine Stadt vor der Entscheidung steht, ihre individuell entworfenen und mit hohem gestalterischen Aufwand gebauten Gründungsquartiere aufzugeben oder die vergleichsweise unspezifischen, industriell in Serie errichteten späteren Gebiete, ist die Entscheidung für die ältere Substanz nachvollziehbar. Dies bedeutet freilich nicht, dass nicht auch die Nachkriegsmoderne in ihrer internationalen Ausprägung ein Gegenstand der Identifikation sein kann. Um das zu sehen, empfiehlt sich ein Blick auf Wolfsburg. Dort kümmert sich seit 2001 das städtische *Forum Architektur*, prominent verortet im Kulturzentrum von Alvar Aalto, um die Vermittlung der Besonderheiten jenes Abschnitts der Baugeschichte in die Öffentlichkeit – und zwar anhand nicht nur der herausragenden öffentlichen Bauten jener Zeit, sondern auch der Wohngebiete. Was bleibt den Niedersachsen auch übrig? Am Mittellandkanal gibt es keine architektonischen Erinnerungen an historisch konnotierte Rauminszenierungen wie im WK II von Stalinstadt. Jedoch – trotz aller Unterschiede steht der städtebaulich-architektonische Rang einer Wolfsburger Großsiedlung der Sechzigerjahre durchaus auf einer Stufe mit den Gründungsvierteln von Stalinstadt. Was wiederum nicht bedeutet, dass nicht auch hier bedauerliche Substanzverluste zu verzeichnen wären: Trotz aller Bemühungen um die Pflege des Erbes werden in Wolfsburg sogar Bauten abgerissen, die als »Landmarken« das Gesicht der Wohngebiete geprägt haben und dementsprechend als Postkartenmotiv reüssieren konnten.

Für ein glückliches Leben auch unserer Kinder opferten die Sowjetmenschen Gut und Blut. 1
Ehrenmal in Stalinstadt.
[100%]

Stalinstadt, Stadt der Deutsch-Sowjetischen Freundschaft, Straße zum Denkmalsplatz 2
[100%]

Eisenhüttenstadt
Die erste sozialistische Stadt Deutschlands, Fritz-Heckert-Straße
[100%]

3

Stalinstadt
Die erste sozialistische Stadt Deutschlands, Ecke der Straße der Jugend und der John-Scheer-Straße [sic!]
[100%]

4

Stalinstadt
Erste sozialistische Stadt Deutschlands, Ecke John-Scheer-Straße [sic!] und Straße der Jugend
[100%]

5

Stalinstadt
Planschbecken im Wohnblock Karl-Marx-Straße mit Durchblick zur HO-Gaststätte »Aktivist«
[100%]

6

Eisenhüttenstadt
Die erste sozialistische Stadt Deutschlands, Erich-Weinert-Allee
[100%]

7

Stalinstadt
Die erste sozialistische Stadt Deutschlands, Friedrich-Engels-Straße
[100%]

8

Eisenhüttenstadt
Pawlow-Allee
[100%]

9

Stalinstadt
Die erste sozialistische Stadt Deutschlands, Heinrich-Heine-Allee
[100%]

10

11

Stalinstadt
Erste sozialistische Stadt Deutschlands, Blick von der Straße des Komsomol in die Heinrich-Heine-Allee [100%]

12

Stalinstadt überstempelt Eisenhüttenstadt
Erste sozialistische Stadt Deutschlands, Oberschule IV [100%]

Stalinstadt
Die erste sozialistische
Stadt Deutschlands,
Postamt
[100%]

13

Stalinstadt
Die erste sozialistische
Stadt Deutschlands,
Haus der
Organisationen
[100%]

14

Eisenhüttenstadt
Leninallee
[80%]

15

Eisenhüttenstadt
Hotel Lunik
[100%]

16

Eisenhüttenstadt
Friedrich-Wolf-Theater
in der Leninallee
[100%]

Eisenhüttenstadt
Kaufhalle »hol fix« im
V. Wohnkomplex
[80%]

18

Eisenhüttenstadt
Im V. Wohnkomplex
mit Tagesschule V
[100%]

19

Eisenhüttenstadt
Wohnkomplex 6
[100%]

20

Blühende Landschaften Eisenhüttenstadt, rückseitig aufgedruckt:
Der Begriff »Blühende Landschaften« war die bildhafte Vision des Bundeskanzlers Helmut Kohl als ökonomische Zukunftsperspektive und Versprechen für die damals so genannten »neuen Bundesländer«. Helmut Kohl verwendete den Begriff u. a. in seiner Fernsehansprache zur Einführung der Wirtschafts- und Sozialunion am 1. Juli 1990. Inzwischen bezeichnen die Medien weite Landstriche der ehemaligen DDR als ökonomische Steppe. Nachdem die Natur sich stillgelegte Industrielandschaften, ganze Wohnviertel und Rangierbahnhöfe zurückerobert hat, wird der Begriff immer häufiger in anderem Sinn verstanden, nämlich als Sinnbild für die Deindustrialisierung Ostdeutschlands. (Quelle: Wikipedia)
[80%]

21

Neustadt West: Wolfsburg

Zur Gänze ist Wolfsburg kein Kind der Nachkriegszeit; 1938 als »Stadt des KdF-Wagens« gegründet, besitzt Wolfsburg zwei in die NS-Zeit datierende Keimzellen: das Wohngebiet Wellekamp, westlich der Geschäftsmeile Porschestraße gelegen, und das Wohngebiet Schillerteich östlich dieser Hauptstraße. Räumlich wie architektonisch stehen beide Ensembles den späteren Stadtteilen und satellitenartigen Ergänzungen entgegen. Als repräsentative Architektur für die »junge, aufstrebende Volkswagenstadt«, wie Wolfsburg sich in den Sechzigerjahren gern selbst bezeichnete, taugten diese kasernenhaft anmutenden Wohnblöcke nach dem Zweiten Weltkrieg nicht mehr: Der Bruch mit den ursprünglichen Planungen war gewollt und nahm mit jedem neuen Wohngebiet wieder neue Gestalt an, mit dem Ergebnis, dass Wolfsburg wie kaum eine andere Stadt der alten Bundesrepublik eine Art Freilichtmuseum der westlichen Nachkriegsmoderne ist – von den frühen Anverwandlungen der »gegliederten und organischen Stadtlandschaft« im Sinne Hans Bernhard Reichows bis hin zu den Hoffnungen auf die Wiedergewinnung von »Urbanität durch Dichte« haben am Mittellandkanal dank Beteiligung renommierter Entwerfer die verschiedenen Ideale von Architektur und Stadtplanung Umsetzungen gefunden. Dass die Hauptverantwortung für die Stadtplanung dabei von 1937 bis 1942 und dann wieder von 1955 bis 1960 bei dem Wiener Architekten (und NSDAP-Mitglied ab 1931) Peter Koller (1907–1996) lag, ist eine der so typischen wie befremdlichen Notizen deutscher Stadtplanungsgeschichte.

Das »Aufstreben« Wolfsburgs findet sich selbstverständlich auch im Medium der Ansichtspostkarte breit gespiegelt. Der Blick von oben ist aber nicht nur bei Darstellungen des Wolfsburger Zentrums anzutreffen, gerade auch die satellitenartig um die Stadtmitte herum angeordneten Siedlungen wurden gern mit Übersicht aufgenommen, um ihre »gegliederte und aufgelockerte«, mit dem umgebenden Grün verzahnte Anlage deutlich werden zu lassen. Beispiel Klieversberg/Eichelkamp: Die beiden ab 1955 beziehungsweise 1956 südwestlich des »Stadtwalds« unter der Ägide von Koller als skandinavisch inspirierte »Waldsiedlungen« angelegten Wohngebiete erstrecken sich beidseits der gebogenen Haupterschließung Röntgenstraße/Hochring; mit frei stehenden und gereihten Einfamilienhäusern im Osten und dem in Zeilenbauten und in Y-förmigen Punkthochhäusern untergebrachten Geschosswohnungsbau im Westen bieten sie den für die damalige Zeit charakteristischen Mix von Gebäudeformen.[1] An der Nahtstelle der beiden Wohngebiete wurde das kleine Zentrum der Siedlung angeordnet. Dort, am Dunantplatz, befinden sich nicht nur ein paar Geschäfte, ein Café und eine Sparkassenfiliale, hier benachbart entstand mit der Heilig-Geist-Kirche von Alvar Aalto auch eine der herausragenden Architekturen der jungen Stadt. Auf einem von Osten noch vor dem Bau der Kirche aufgenommenen Luftbild **(25)** sind die beiden Stadtteile gut zu unterscheiden; mit den Satteldächern setzen sich die Einfamilienhäuser von Klieversberg im Vordergrund von den flach gedeckten Geschosswohnungsbauten von Eichelkamp im Hintergrund nicht nur sozial, sondern auch gestalterisch

Wolfsburg-Detmerode

1 Nicole Froberg, Ulrich Knufinke, Susanne Kreykenbohm: Wolfsburg. Der Architekturführer, Salenstein 2011.

ab – dass der 1954 eröffnete Tennisclub im Vordergrund rechts noch im Bild ist, wirkt jedenfalls passend. Deutlich erkennbar ist die fast verschwenderisch großzügige Erschließung weiter Teile des Wohngebiets: Etliche Erschließungsstraßen sind nur einseitig bebaut, auf der anderen Seite grenzen private Gärten oder öffentliche Grünflächen an – die räumlich geschlossene »Korridorstraße« war in jener Zeit schlecht beleumundet. Deutlich ist auch, dass das Wohngebiet Abstand hält zur viel befahrenen Braunschweiger Straße. Obwohl die 1951 dem Hauptverkehr übergebene Straße zumindest hier noch auf Wolfsburger Stadtgebiet liegt, zeigt sie eher den Charakter einer Landstraße – von den nahen Wohnhäusern erheischt der Autofahrer, dem Abstand und einem kleinen Waldgebiet sei Dank, keinen Eindruck; man wohnt und fährt im Grünen.

Beispiel Detmerode: Der ab 1960 unter Kollers Nachfolger Rüdiger Recknagel konzipierte und 1970 fertiggestellte Stadtteil im äußersten Südwesten des Stadtgebiets steht beispielhaft für die Wohnideale der frühen Sechzigerjahre. Wie in den Wohngebieten der Fünfzigerjahre bietet auch er einen Mix unterschiedlicher Bauformen, von den Wohnhochhäusern *Don Camillo und Peppone* über die mäandernden Geschosswohnungsbauten der *Neuland-Burg*, die schon zur Architektur der Siebzigerjahre überleiten, bis hin zu Einfamilienhäusern. Diese sind allerdings nicht mehr frei stehende Satteldachhäuschen, sondern eingeschossige Bungalows, zu teppichartigen Strukturen verbunden, die von Erschließungswegen und Patios perforiert werden. Prominentestes Einzelgebäude dürfte das terrassierte, 1964–67 realisierte Wohnhochhaus des Berliner Architekten Paul Baumgarten gewesen sein, das den Eingang in das Quartier aus Richtung Innenstadt markierte – leider wurde es 2018 abgerissen. Baumgarten war auch im Jahr 1962 als Sieger des Wettbewerbs für die Gesamtplanung des Quartiers hervorgegangen. Auf einem Luftbild, aufgenommen in den Siebzigerjahren von Südwesten (30), ist das »Stufenhaus« am hinteren Rand der Siedlung erkennbar. Deutlich wird nicht nur das Konzept einer »Urbanität durch Vielfalt« dank der großen Breite unterschiedlicher Haustypen – Detmerode wirkt wie eine Vergrößerung des zur Interbau 1957 neu entstandenen Berliner Hansaviertels (s. S. 74) –, deutlich wird auch die landschaftliche Einbettung der kleinen Großsiedlung: In einem Halbkreis umschließen Waldgebiete den Stadtteil, schieben sich sogar keilförmig in Richtung Siedlungsmitte; auf der gegenüberliegenden Seite bietet der Detmeroder Teich ganz andere, aber ähnlich angenehme Möglichkeiten, den Nachmittag, Feierabend oder das Wochenende zu verbringen. Doch nicht nur Detmerode kommt auf dem Luftbild zur Geltung, die gesamte Anlage von Wolfsburg wird dem Empfänger dieser Ansichtskarte anschaulich: Hinter dem Waldgebiet die nächste Siedlung – Eichelkamp –, dahinter das nächste Waldgebiet – der Klieversberg –, dahinter, schon kaum mehr zu erkennen hinter so viel Freizeit- und Erholungsgrün, das Stadtzentrum. Das Volkswagenwerk aus den Dreißigerjahren verschwindet in der Luftperspektive, ist mit seinen dunklen Klinkerfassaden nur noch eine Schattierung in der Landschaft: Der Typus »Industriestadt« hat hier seinen Charakter gewandelt gegenüber den alten Zentren der Schwerindustrie, etwa im Ruhrgebiet: Ein knappes halbes Jahrhundert nach den Visionen Tony Garniers einer »idealen Industriestadt«[2] und den Bestrebungen der Gartenstadtbewegung scheinen die Schrecken, die die Industrialisierung in den Städten mit sich brachte, überwunden, die Probleme aufgelöst in einer Stadtlandschaft, in der in sich abgeschlossene Siedlungskerne von jeweils eigenem Charakter in ebenso abwechslungsreichen Landschaftsräumen liegen. Doch wehe, das eigene Auto springt mal nicht an und die Kinder sind mit den Fahrrädern außer Haus: Zu Fuß unterwegs oder auf den öffentlichen Nahverkehr angwiesen will man in einem solchen Stadtmodell besser nicht sein. Andererseits – welche Stadt, wenn nicht Wolfsburg, sollte mit einigem Recht beanspruchen dürfen, autogerecht angelegt zu sein?

Zuletzt noch das Beispiel Westhagen (**35**): Der nördlich an Detmerode anschließende und die westliche Bebauungsgrenze von Wolfsburg gegenüber dem alten Ort Fallersleben bildende Stadtteil ist ein typischer Vertreter des Planertraums von der »Urbanität durch Dichte« und eine auf den Maßstab einer 100.000-Einwohner-Stadt heruntergebrochene Typologie, wie sie in Berlins Märkischem Viertel und in der Kölner Großsiedlung Chorweiler im großstädtischen Maßstab realisiert wurde. Geplant ab 1966, entstand die kleine Großsiedlung in vier Abschnitten bis 1990, wobei der letzte Teil im Dreieck von Autobahn, Dresdener Ring und Frankfurter Straße schon stark von den Idealen der architektonischen Postmoderne geprägt ist. Ansichtskarten davon sind mir nie untergekommen, doch die ersten Bauabschnitte wurden in diesem Medium schon gewürdigt.

Wie zeigten sich die Siedlungen nun aber von innen ins Bild gesetzt? Luftbilder, die »Modellbau«-Perspektive der Stadtplaner, waren zwar beliebt aus den genannten Gründen, doch bildeten Postkarten die neuen Lebenswelten durchaus auch so ab, wie die Bewohner sie erlebten. Ein häufigeres Motiv aus dem Wolfsburg der Fünfzigerjahre ist der Straßenzug Laagbergstraße/Breslauer Straße, der vom Stadtzentrum aus nach Westen durch zwei frühe Nachkriegssiedlungen führt, Hohenstein (1951–57) und Wohltberg (1954–60). Zumindest teilweise zeigt sich in ihnen der Einfluss des Planers Hans Bernhard Reichow; dieser wurde 1947 mit der Neustrukturierung der Stadtplanung beauftragt und erarbeitete nach den von ihm verfolgten Prinzipien der »organischen Stadtbaukunst« einen zweiten Generalbebauungsplan, der allerdings nur wenig auf die tatsächliche Gestalt der Stadt durchschlagen sollte. Das kleinstädtische Bild, das Reichows Planung zugrunde lag, ist immerhin auf einer Ansicht der 1953 von der Niedersächsischen Heimstätte errichteten Siedlungshäuschen am Südrand von Hohenstein sichtbar (**22**): Äcker und Obstbäume im Vordergrund, dahinter die einheitlich gestalteten Satteldachhäuser, überragt von der 1957 eingeweihten Kreuzkirche, im Hintergrund das Volkswagenwerk – die Architektur dieser Zeit steht noch fest im Blut-und-Boden-Traditionalismus, wie er in Wolfsburg in der Siedlung Steimker Berg zu besichtigen ist. In der Siedlung selbst aber ist das Bild ein anderes. Eine Schwarz-Weiß-Ansicht der Laagbergstraße (**23**),

2 Tony Garnier: Une cité industrielle, Paris 1918 (dt. Ausgabe: Die ideale Industriestadt, Tübingen 1989).

aufgenommen an der Grenze der beiden Siedlungen, zeigt nicht nur die Dominante Kreuzkirche in Hohenstein, sondern auch das ganz im Stil der »Swinging Fifties« gezeichnete Victoria-Kino in Wohltberg, in dem heute ein Supermarkt untergebracht ist. Seine liniendünne Dachplatte zieht eine deutliche Horizontale ins Raumbild, zu der der nadelspitze Turm der Kirche in Kontrast treten kann. Kontrastreich ist aber auch die Wohnbebauung beidseits der Straße: Während rechts, auf der Südseite, ein zweigeschossiges Wohn- und Geschäftshaus zu sehen ist, das mit mächtigem Walmdach, großem Dachüberstand und hochformatigen Fenstern noch wie ein Vorkriegsbau anmutet, wirkt der Viergeschosser gegenüber mit seinen großen liegenden Fensterformaten und dem knappen Dachüberstand schon viel deutlicher der Nachkriegsmoderne zugehörig. Tatsächlich ist dieser Charakter prägend für den Stadtteil Wohltberg – ein paar Meter weiter westlich, am Brandenburger Platz, ist von Vorkriegstraditionalismus schon keine Spur mehr auszumachen **(24)**. In Wohltberg vollzog sich der Übergang von Reichow zur zweiten Wirkungszeit Peter Kollers als Stadtbaurat – noch vor der Bebauung der Siedlung hatte dieser Reichows Vorstellungen, wie sie im Generalbebauungsplan festgelegt waren, grundlegend geändert.

Zurück nach Eichelkamp, und zwar an den Hochring. Die Straße ist die bogenförmig geführte Haupterschließung der Siedlung; auf dem bereits betrachteten Luftbild ist sie gut zu sehen im Zentrum der Aufnahme. An ihrem westlichen Ende, direkt angrenzend an das Waldgebiet, erheben sich hell die auf Y-förmigem Grundriss gebauten Wohnhochhäuser. Eine Schwarz-Weiß-Fotokarte zeigt sie aus der Nähe **(27)**. Die Aufnahme dürfte Ende der Fünfzigerjahre entstanden sein – im Vordergrund stehen prominent drei Volkswagen der Baujahre 1957–60, und niemals sind in Wolfsburg jemals drei Exemplare eines bereits ausgelaufenen VW-Modells auf weniger als 100 Meter Länge Straßenland gesichtet worden. Die auf dem Luftbild hochragenden Häuser entpuppen sich bei näherem Hinsehen als nur achtgeschossig, bei den niedrigen Geschosshöhen des Nachkriegswohnungsbaus von gerade drei Metern liegen die Gebäude also nur kurz über der Hochhausgrenze – von der Höhe her eine gewöhnliche großstädtische Dimension. Die Typologie aber ist Siedlungsbau: Diese Bauten können keinen Raum bilden, sie müssen frei stehen. Die angrenzende, ebenfalls abgebildete Wohnbebauung hingegen hätte nicht mal von der Dimension her Existenzberechtigung in einer konventionellen Stadt – drei Wohngeschosse über einem so eben mal aus dem Boden ragenden Keller erlauben keine städtische Dichte. Deutlich wird auch die Trennung der Funktionen, die in solch einer Siedlung umgesetzt wurde: Kein Laden, kein Café, kein Büro, keine Praxis findet sich in den Erdgeschossen, schon gar keine öffentliche Terrasse zuoberst der Y-Häuser, obwohl die Lage auf dem Hügel südlich des Stadtzentrums sicher eine Aussicht bietet, die jeder Wolfsburger gern genösse oder seinem Besuch zeigte. Die filigrane auskragende Dachplatte, die auf den obersten Wohnungen liegt, legt der rein privaten Wohnnutzung unmissverständlich einen Deckel auf: Weitere Zutaten unerwünscht.

Besser als bei der Ansicht des Hochrings kommt das damalige Wohnideal auf einer Straßenansicht der benachbarten Waldsiedlung Rabenberg zur Geltung (29). Diese entstand ab 1958 der Siedlung Klieversberg gegenüber, gleich südlich der Braunschweiger Straße.[3] Von dort war sie über die Straße Burgwall angebunden ans städtische Straßennetz; an der Einmündung entstand Ende der Sechzigerjahre das auf den Luftbildern von Detmerode und Westhagen erkennbare Burgwall-Center. Rückgrat der Siedlung ist die lange, gebogene Rabenbergstraße, und an der Kreuzung mit dem Burgwall steht ein solitäres neungeschossiges Hochhaus, das sozusagen den Mittelpunkt des Stadtteils markiert. Obwohl nur wenige Jahre nach den Y-Häusern in Eichelkamp gebaut, ist seine Architektur eine ganz andere, nimmt es mit seiner gestaffelten Kubatur, den zurückliegenden Loggien und dem Liniennetz der Fertigteilkonstruktion die Gestaltprinzipien der Sechzigerjahre vorweg. Anders als in Eichelkamp, wo das Siedlungszentrum nicht von den Hochhäusern markiert wird, können hier gewerbliche Nutzungen das Erdgeschoss beleben, so dass die Präsenz des Gebäudes quasi funktional unterlegt ist, das Hochhaus ein Anlaufpunkt für alle Bürger der Siedlung wird. Auf der besagten, Anfang der Sechzigerjahre gedruckten Ansichtskarte aber steht das Hochhaus im Hintergrund, eigentliches Motiv ist der Straßenraum, der auf der linken Seite von viergeschossigen, mit der Stirnseite zur Straße gedrehten Zeilenbauten gefasst wird: Das Wohnen im Grünen wird so in den Siedlungsraum transportiert, obwohl doch das breite Asphaltband der Rabenbergstraße den meisten Platz beansprucht. Gleich daneben wartet der Erholungsbereich, suggeriert die Aufnahme – womit freilich keine Aussage über den tatsächlichen Gebrauchswert des Siedlungsgrüns getroffen ist. Reichlich Platz ist aber auch vorhanden für das Parken der aktuellen Volkswagen-Modelle: Die Senkrechtparkierung lässt jede Straße wie den Erschließungsweg eines Parkplatzes wirken. Einen Blick verdient der gut erkennbare Plattenbelag der Gehwege mit seinen farblichen Schattierungen – bei Sanierungsarbeiten werden derartige für das Siedlungsbild wichtige Details leider allzu oft neuen Materialien, neuen Steinformaten und neuen Verlegerichtungen geopfert.

In Detmerode war das Stufenhaus ein beliebtes Postkartenmotiv, eher als das eigentliche Zentrum. Aufgrund seiner Lage am Eingang in die Siedlung, nahe dem Straßen-Kleeblatt an der Braunschweiger Straße, konnte es überdies herrlich »autogerecht« ins Bild gesetzt werden (33): Die Ölkrisen der Siebzigerjahre standen noch bevor, als Detmerode gebaut wurde. Die Konrad-Adenauer-Allee, die nach Detmerode hineinführt, gab mit ihren je zwei Richtungsspuren plus Abbiegestreifen ein eindrucksvolles Bild von Schnellstraße, so schnell, dass es gar keiner Autos bedurfte, um die Fantasie des zügigen Fahrens zu erzeugen. Vielleicht hätte eines der damals aktuellen VW-Modelle diese Vorstellung gar behindert. Weder der noch immer in großer Zahl vom Band rollende Käfer, noch der größere Typ 3, und auch nicht die späteren »Nasenbären« hätten auf diesem Asphaltband einen überzeugenden Auftritt hinlegen können – ein einsamer Käfer auf einer Schwarz-Weiß-Ansicht (32), aufgenommen quasi als

3 Stadt Wolfsburg, Institut für Museen und Stadtgeschichte (Hg.): Wolfsburg – zwischen Wohnstadt und Erlebnisstadt, Wolfsburg 2002.

Gegenschuss, zeigt es. Die Adenauer-Allee scheint zu ihrer Zeit eher für die Autotypen der Siebzigerjahre, Golf GTI und Scirocco, angelegt worden zu sein. Hatten die Ingenieure jenseits des Mittellandkanals etwa den Straßenplanern hinterherkonstruiert?

Ein typisches Siedlungsbild der Siebzigerjahre, tatsächlich auch mit einem Golf, dem damals neuen, vom italienischen Designer Giorgio Giugiaro gezeichneten Erfolgsmodell der Wolfsburger, im Vordergrund, konnte vom Stadtteil Laagberg postalisch in die Welt geschickt werden, und zwar von der Wohnanlage Breslauer Straße **(34)**. Die 1972 fertiggestellte Bebauung markiert den nördlichen Abschluss der Siedlung Laagberg, die im Übrigen zur Epoche der Wolfsburger »Waldsiedlungen« gehört, also aus den späten Fünfzigerjahren stammt. Die Postkarte zeigt, dass das Ideal des Wohnens im Grünen trotz des schnellen Wechsels der Leitbilder durchaus noch aktuell war; zwei ost-west-orientierte, in der Höhe gestaffelte Gebäuderiegel umschließen einen Innenhof, der mit dem Wald im Norden in Blickbeziehung steht. Die Zufahrt von Süden führt direkt zum flachen Parkhaus der Wohnanlage, so dass der VW Golf motivisch mit der Bebauung verknüpft ist: Autofreundliches Wohnen im Wald, so könnte das Thema der Planung gelautet haben.

Auch in Westhagen wurden die vielgeschossigen Wohngebäude zu gestaffelten Ketten verbunden, die Höfe und Straßenräume bildeten; gegenüber dem benachbarten Detmerode ergibt sich zwar eine größere »Urbanität durch Dichte«, dabei aber geht das einzelne Gebäude in der Großform unter, was das Gefühl von Anonymität steigert. Eine Ansichtskarte vom Zentrum der Großsiedlung, innerhalb des Dresdener Rings im zweiten und dritten Bauabschnitt gelegen, zeigt diesen Effekt **(36)**: Auf bis zu zwölf Geschosse steigt an der Dessauer Straße die gestaffelte und geknickte Hochhauskette neben dem Einkaufszentrum, wirkt schon eher wie ein Höhenzug, und auch die Gebäudestruktur im Vordergrund, die Wohnbebauung an der Halberstädter Straße, ist nicht mehr als ein einzelnes Gebäude zu bezeichnen, sondern als eine Großstruktur. Die relativ bewegte Baumasse, der Einsatz von Farbe, die flachen Baukörper der öffentlichen Gebäude Einkaufszentrum, Schule und Kirche dazwischen – auf der Postkarte ist das gesamte Arsenal der Gestaltung von Westhagen (und der bundesrepublikanischen Großsiedlungsarchitektur jener Jahre im Ganzen) versammelt; doch will sich ein Bild dieses Ortes nicht so recht einstellen – zu beliebig wirkt der Einsatz der Mittel, als dass ein identifizierbarer Raum entstehen könnte, zu groß der Maßstab, zu wenig die Architektur auf den Raum bezogen. Wenn dies das Zentrum der Großsiedlung sein soll, dann hätte es vielleicht geholfen, die Wohnbebauung am Rand mit einer Art von architektonisch artikulierter Funktionalität darauf zu beziehen: ein Erdgeschoss für Ladenlokale oder Büros etwa, eine begleitende Kolonnade, eine klare Artikulation der Eingänge – irgendetwas aus dem großen Werkzeugkasten, mit dem die Europäer seit 2.000 Jahren Städte zu gestalten, Orientierung zu geben wissen. Ob der Mangel daran auch zu den Problemen beigetragen hat, die Westhagen seit vielen Jahren begleiten, sei dahingestellt, jedenfalls ist die Ansicht das Dokument einer vergangenen Zeit: 2018 begann der Abbruch der großmaßstäblichen Bebauung an der Dessauer Straße.

Apropos Dessauer Straße – die Westhagener Straßen wurden nach etlichen Städten benannt, die zur Bauzeit der Großsiedlung in der DDR lagen, dem bundesdeutschen Bewusstsein fern: Ein Reiseland war das sozialistische Deutschland schließlich nicht unbedingt. Mit »Straßennamen« könnte ein eigenes Kapitel bundesrepublikanischer (Geschichts-)Bewusstseinsbildung überschrieben sein. Denn mit der Benennung des Wegenetzes neuer Stadtgebiete konnte nicht nur an Städte im anderen Deutschland erinnert werden, sondern auch die Präsenz von Orten im Bewusstsein bleiben, die in den nun polnischen, russischen Ostgebieten oder tschechoslowakischen Regionen lagen, aus denen die deutsche Bevölkerung nach 1945 vertrieben worden war: Ein Breslauer Ring oder eine Insterburger Straße, ein Gleiwitzer Damm oder ein Kolberger Platz findet sich in so manchem Neubaugebiet, das nach 1945 in der Bundesrepublik entstanden ist. Nicht selten sind diese Siedlungen für die Unterbringung der Vertriebenen selbst geplant worden – ein Thema, das der architekturgeschichtlichen Aufarbeitung bislang noch weitgehend harrt. Im Rahmen dieser Recherche sei zumindest ein Blick darauf geworfen, stand in diesen Wohngebieten doch eine Frage im Hintergrund, die eher selten mit der Architektur der Nachkriegsmoderne kurzgeschlossen wird, nämlich die der Erinnerung, der Identität, der Ortsspezifik, kurz der Heimatbildung. Am stärksten dürfte dieser Aspekt dort durchgeschlagen haben, wo nicht nur ein überschaubares Siedlungsgebiet an eine bestehende Stadt angefügt wurde, wie in so vielen Städten geschehen, sondern eine komplett neue Stadt entstand: Neugablonz im Allgäu, Geretsried, Waldkraiburg und Traunreut in Oberbayern, Neutraubling bei Regensburg oder Espelkamp in Westfalen sind Neustädte von anderer Art als Stalinstadt und Wolfsburg.

Wolfsburg 22
Stadtansicht mit Kreuzkirche und VW-Werk
[100%]

Wolfsburg
Laagbergstraße
[100%]

23

Wolfsburg
Am Brandenburger Platz
[100%]

24

Volkswagenstadt Wolfsburg
Luftbild
[80%]

25

19-geschossiges Wohnhochhaus mit 160 Wohnungen in Großtafelbauweise System »Betonwerk Niedersachsen«
Wolfsburg, Hochring 39
[80%]

26

Wolfsburg
Hochring
[100%]

27

**Wolfsburg-
Eichelkamp**
[100%]

28

Volkswagenstadt Wolfsburg 29
Rabenbergstraße
[100%]

318 Wolfsburg-
Detmerode
[80%]

30

318 Wolfsburg
Neuland-Burg-
Detmerode
[100%]

31

Wolfsburg-Detmerode 32
[80%]

318 Wolfsburg-Detmerode
Das Stufenhaus
[100%]

33

3180 Wolfsburg 34
Breslauer Straße
[100%]

318 Wolfsburg-Westhagen 35
[80%]

3180 Wolfsburg-Westhagen
[100%]

36

3180 Wolfsburg-Westhagen
[100%]

37

3180 Wolfsburg-Westhagen
[80%]

38

Unterbringung der Ost-Vertriebenen: Neustadt oder Neubauviertel?

»Die neue Heimat« steht im Zentrum der Postkarte aus Neugablonz geschrieben (39), drumherum sortiert ein paar Eindrücke des Ortes: Kirche und Freibad, Hochhaus und Bürogebäude. Wer nun meint, hier einen Bildgruß aus einem der zahlreichen Projekte des sozialdemokratischen, 2019 mit einer umfassenden Ausstellung[1] und mehreren Buchveröffentlichungen[2] neu gewürdigten Wohnungsbaukonzerns in Händen zu halten, liegt falsch: Der Ortsteil von Kaufbeuren im Allgäu ist eine jener Neugründungen der Nachkriegszeit für die nach 1945 aus Pommern und aus Ost- und Westpreußen, aus Schlesien und der Brandenburger Neumark, aus Böhmen und Mähren und noch weiteren, bis zum Zweiten Weltkrieg von Deutschen in Ost- und Südosteuropa besiedelten Gebieten Vertriebenen oder, wie man in der DDR sagte, Umgesiedelten. Heute sind beide Begriffe umgangssprachlich noch präsent, während in Kreisen der Wissenschaft mit Blick auf die damaligen Geschehnisse inzwischen eher von Zwangsmigration gesprochen wird, wodurch die Betroffenen aus der Rolle der Passiven in die der Aktiven gelangen, die eben nicht vertrieben oder umgesiedelt werden, sondern selbst die Beine in die Hand nehmen, wenn auch nicht ganz freiwillig. Wie auch immer die Begriffe gewählt werden, das damit bezeichnete Phänomen war nach dem Zweiten Weltkrieg gewaltig genug: Zwischen 12 und 14 Millionen Menschen mussten in den beiden deutschen Staaten untergebracht werden, so die Schätzungen. Allein in Bayern wurden dafür fünf Ansiedlungen gegründet, vier davon auf den Arealen nationalsozialistischer Munitionsfabriken, eine auf einem ehemaligen Flugfeld: Außer Neugablonz, in dem, der Name sagt es, vor allem Bürger des nun tschechischen Gablonz mitsamt ihren Fertigkeiten in der Schmuckherstellung eine »neue Heimat« fanden, sind dies die drei oberbayerischen Orte Gartenberg (seit 1950 Geretsried), Traunreut und Waldkraiburg sowie Neutraubling in der Oberpfalz. Aber auch in anderen Bundesländern entstanden neue Ansiedlungen: Espelkamp und Stukenbrock in Nordrhein-Westfalen, Trappenkamp in Schleswig-Holstein, Stadtallendorf in Hessen. Hinzu kamen in so gut wie jeder größeren westdeutschen Stadt entsprechende Siedlungen, die anhand ihrer Straßennamen leicht im Stadtbild zu erkennen sind: Eine Küstriner Straße oder ein Marienburger Weg legen hier gut lesbare Fährten.

Für die Architekturgeschichtsschreibung sind all diese Bauvorhaben bislang kaum ein Thema, was daran liegen mag, dass die jeweiligen Planungen nicht gerade hochtrabende Experimentalbauvorhaben waren, sondern häufig gestalterisch konventionell, pragmatisch, mitunter fast anspruchslos anmuten. »Noch Anfang der 90er Jahre sollte die Städtebauförderung helfen, diesen durchweg gesichtslosen neuen Städten, in denen es für Besucher und selbst für ansässige Bürger oft schwierig ist, sich zurechtzufinden, einen eigenen Charakter und somit ihren Bewohnern eine Möglichkeit zur Identifikation mit dem Ort zu geben«, lautete 2005 das vernichtende Fazit des Architekturmuseums der TU München im Katalog zur Ausstellung *Architektur der Wunderkinder*.[3] Dennoch gibt es mit den E.C.A.-Siedlungen der frühen Fünfzigerjahre, die

Traunreut
Trauntal-Obb.

1 *Die Neue Heimat (1950–1982). Eine sozialdemokratische Utopie und ihre Bauten*, Architekturmuseum der TU München in der Pinakothek der Moderne, 28. Februar bis 19. Mai 2019.

2 Allen voran der aus dem gerade noch vor der Entsorgung geretteten Archiv des Konzerns entstandene Band, herausgegeben von Ullrich Schwarz und Hartmut Frank: neue heimat. Das Gesicht der Bundesrepublik. Bauten und Projekte 1947–1985, Hamburg 2019.

3 Winfried Nerdinger, Inez Florschütz (Hgg.): Architektur der Wunderkinder. Aufbruch und Verdrängung in Bayern 1945–1960, Salzburg 2005, S. 127.

zusammen mit den USA auf den Weg gebracht wurden, und den an sie anschließenden, mit Mitteln des European Recovery Program (ERP) oder hierzulande Marshallplans realisierten M.S.A.(Mutual Security Agency)-Bergarbeitersiedlungen durchaus Themen, die sich für die Forschung anbieten. Ob das geringe Interesse auch daran liegt, dass deren Bewohner von den Alteingesessenen oder von weniger weit Zugezogenen lange als andersartig wahrgenommen wurden, fremde Bräuche und eine eigene Mundart pflegten, zudem von Personen politisch vertreten wurden, die mindestens ein bisschen schräg, oft schrill, gelegentlich schlicht revanchistisch auftraten? Oder an Kindheitserfahrungen der in den Sechzigerjahren Geborenen? Die Umgangsformen der Altersgenossen aus diesen Siedlungen galten mitunter als etwas rau, weswegen sich der eine oder andere damals Heranwachsende vielleicht eher ungern mit ihnen einließ. Was auch immer die Gründe sein mögen, in dieser Recherche dürfen die Neustädte und Siedlungen für die heimatlos Gewordenen nicht fehlen – und zwar nicht nur, weil ihre Bedeutung zumindest für die Postkarten-Verlage der damaligen Zeit auf der Hand liegt, sondern auch, weil sie gerade aufgrund ihrer Konventionalität so typisch sind für die große Masse des deutschen Wohnungsbaus jener Ära. Nicht zuletzt ist bei diesen Orten stärker noch als bei anderen neuen Siedlungen zu diskutieren, ob und wie Aspekte von Erinnerung, Identität und Heimat mit den Mitteln der damaligen Stadt- und Siedlungsplanung wie mit der Architektur bearbeitet wurden, drängte sich doch die Frage geradezu auf, wie die aus den Ostgebieten Vertriebenen beziehungsweise Zwangsmigrierten hier neue Wurzeln schlagen konnten – von völliger Ignoranz des Themas bis hin zur zumindest theoretischen Option, den Hauptplatz der verlorenen Heimat räumlich-architektonisch nachzuempfinden, wie es in kriegszerstörten Städten wie Münster, Freudenstadt oder Rothenburg ob der Tauber beim Wiederaufbau praktiziert wurde, ist hier grundsätzlich eine gewisse Bandbreite von Lösungen denkbar. Historische Zeugniskraft kann den für die Ostvertriebenen neu gebauten Städten und Wohngebieten jedenfalls nicht abgesprochen werden.
Begonnen sei, der eingangs erwähnten Postkarte wegen, aber auch aufgrund der schon im Namen deutlichen Eigenschaft als neues Zuhause einer bestimmten Siedlergemeinschaft, mit Neugablonz. Die Anfänge dieser Siedlung sind auf der besagten Mehrbildkarte schon nicht mehr dargestellt, doch zeigen ein früheres Exemplar mit Abbildungen von Schule und Kirche **(40)** und eine etwa zeitgleiche Postkarte der ECA-Siedlung **(41)**, wie baulich bescheiden solch ein Neubeginn in der Fremde in der Landschaft stand – in diesem Fall in jenem Waldgebiet bei Kaufbeuren, in dem die Teile der alten Munitionsfabrik Dynamit AG weitläufig versteckt lagen. 1953 wurde die eine der beiden Postkarten verschickt, und zwar, man glaubt es kaum, in die alte Heimat des Absenders, nach Jablonec, wie Gablonz auf Tschechisch heißt. Die abgebildete Siedlung war zu diesem Zeitpunkt gerade fertiggestellt. Sie ist eine von 15 Siedlungen, die nach einem Wettbewerb im Jahr 1951 auf dem Gebiet der gesamten Bundesrepublik mithilfe der US-amerikanischen Economic Cooperation Administration

(ECA) für »Handarbeiter aus der Industrie, der Landwirtschaft oder aus dem Exporthandel …, die gleichzeitig Vertriebene, Ausgebombte oder Displaced Persons sein mussten«,[4] errichtet wurden. Neben der Anlage im Allgäu finden sie sich in Aachen, Braunschweig, Bremen, Frankfurt, Freiburg, Hannover, Krefeld, Lübeck, Mainz, Mannheim, München, Nürnberg, Reutlingen und Stuttgart. Die Siedlung in Neugablonz, geplant vom Architekten Ernst Feistle, umfasst insgesamt 158 Wohnungen, darunter 68 Einfamilienreihendoppelhäuser. Sie sind bis heute erhalten, und was überrascht, wenn man sie in der Hubertusstraße entdeckt: Sie liegen ziemlich im Zentrum der Stadt, gleich hinter der Bebauung an der Sudetenstraße. Ihr Standard war einfach: »Auch die ECA-Siedlung Neu-Gablonz bei Kaufbeuren zeichnet sich durch besondere Wohn- und Lebensgewohnheiten aus. Hier haben sich Heimatvertriebene mit einem bis ins äußerste spezialisierten Beruf in zäher Arbeit eine neue Existenz aufgebaut. Der jährliche Export der Gablonzer Industrie beträgt bereits wieder viele Millionen DM. Sie ist aber von einer Eigenart, wie sie sonst in Deutschland wohl kaum wieder zu finden ist. Sie ist aufgespalten in zahlreiche Klein- und Kleinstbetriebe in Verbindung mit Heimarbeit als Zubringerdienst im Lohnverhältnis. Die Frau ist nahezu vollständig in die Betriebsarbeit eingeschaltet; dieser Umstand muß sich naturgemäß auch im Bereich des Wohnens und Wirtschaftens auswirken … In jedem Haus wird gearbeitet. Die Anordnung des Grundrisses, eines altbewährten Reihenhaustyps mit querliegender Treppe würde gelobt werden, wenn nicht so viele durchaus vermeidbare Mängel das Bewohnen des Hauses erschweren würden, z. B. unverständlich knappe Türen … Die … Treppe hat nur eine lichte Breite von 76 cm, nach Abzug der Handleiste nur noch von 66 cm … Im Obergeschoß ist die Anbringung der einfachsten Gardine überaus schwierig, denn bei sichtbarer Dachschräge sind die Fenster sturzlos ausgebildet. Die 9½ m² große Küche mit Eingang vom Flur und Durchreiche zum Wohnzimmer ist als Eß- oder Wohnküche eingerichtet. Es wird aber fast immer in ihr noch gewerblich gearbeitet. Auch das Wohnzimmer wird mehrfach als Büro benutzt … Das Bedürfnis nach Lagerraum ist hier natürlich besonders groß, und es wird allgemein bedauert, dass der Keller nur zur Hälfte ausgebaut worden ist.«[5] Die farbige Gestaltung der zum Teil mit Holz verkleideten Fassaden, die der Siedlung den Namen »Papageienhäusl« einbrachte, ist auf der historischen Schwarz-Weiß-Aufnahme nicht erkennbar; gegenüber dem barackenartigen Holzbau im Vordergrund aber ist doch immerhin zu erkennen, dass hier mehr als ein Provisorium entstanden war. Denkt man sich die noch ungestalteten Freiflächen begrünt, die Gärten bepflanzt, ließe sich die neue Siedlung als eine bei aller Bescheidenheit doch freundliche Situation durchaus ausmalen – jedenfalls erscheint sie nicht als lagerartiges Provisorium, wie es den hier Angesiedelten nur zu vertraut gewesen sein dürfte auf ihrem erzwungenen Weg in eine neue Zukunft. »Städtisch« allerdings ist der Charakter der ECA-Siedlung nicht und damit wenig geeignet, um identitätsstiftend für das neue Gemeinwesen wirken zu können: Für das Zentrum von Neugablonz

4 Hermann Wandersleb (Hg.): Neuer Wohnbau. Von ECA bis Interbau, Ravensburg 1958.

5 Ebd., S. 19, S. 46f.

brauchte es eine andere Architektur – dass der ehemalige Gablonzer Stadtbaurat Rudolf Günther 1952 von der Stadt Kaufbeuren beauftragt wurde, einen Gesamtbebauungsplan für 20.000 Einwohner zu entwickeln, zeigt die Ambition für die damals erst 700 Wohneinheiten zählende Ansiedlung. Bereits 1947 hatte Günther (1902–1984) im Auftrag der Aufbau- und Siedlungsgesellschaft ASG einen Plan für ein 8.000 Einwohner zählendes Neugablonz vorgelegt, der allerdings nicht in Kraft gesetzt worden war.[6]

In welche Richtung der Aufbau der Stadt nach den ersten Provisorien und Neubaumaßnahmen ging, zeigt eine ebenfalls 1953 verschickte Ansicht der Gewerbestraße **(42)**. Anders als der Name denken lässt, handelt es sich hier nicht um eine am Rand der neuen Ansiedlung gelegene Industrieadresse, sondern um die in Nord-Süd-Richtung verlaufende künftige Hauptstraße von Neugablonz. Die dreigeschossige, architektonisch konservative, noch auf die Heimatschutzarchitektur der Zwischenkriegszeit verweisende Eckbebauung mit dem großen Walmdach bildet zusammen mit der ähnlichen Bebauung gegenüber die Nordwestecke des Neuen Markts. Das Eckhaus diente ursprünglich als Postamt, später als Sitz einer Bank. Die auf der frühen Fotografie noch vorhandene eingeschossige Ladenzeile davor sollte bald schon wieder verschwunden sein, um dem Marktplatz Raum zu geben. Mit ihren Rücksprüngen ist die Architektur sichtbar um Raumbildung bemüht, und gegenüber dem im Hintergrund erkennbaren Durcheinander von nur eingeschossigen, frei stehenden Wohnhäusern und Baracken führt sie auch einen anderen, immerhin kleinstädtischen Maßstab ein. An der Schmalseite der Bebauung auf der linken Seite ist mit einem Sgraffito zudem Kunst im öffentlichen Raum präsent.

Postkarten von diesem sich in den Folgejahren bildenden Zentrum hat es bis in die Siebzigerjahre einige gegeben. Wiederkehrende Motive sind vor allem zwei Gebäude: das fünfgeschossige Wohn- und Geschäftshaus an der Südwestecke des Neuen Markts **(43)**, in dem damals die Bayrische Hypotheken- und Wechsel-Bank untergebracht war, und das siebengeschossige blockhafte Wohnhochhaus gegenüber, an der Südostecke, der sogenannte Postblock **(44, 45)**. Beide überragen nicht nur deutlich die sich jeweils anschließende, lediglich drei beziehungsweise vier Geschosse hohe Wohn- und Geschäftshausbebauung, sie heben sich mit ihren flach geneigten, aus der Fußgängerperspektive kaum wahrnehmbaren Dächern auch formal ab. Nicht zuletzt sind beide ebenfalls mit Sgraffiti geschmückt, die ein erzählerisches Moment in den öffentlichen Raum bringen. So sind am Postblock zwei markante Gebäude der alten Heimatstadt präsent, und zwar das 1931–33 erbaute Neue Rathaus und die barocke Annenkirche, darüber prangt das Wappen der zurückgelassenen Stadt, das einen Apfelbaum zeigt; unten, neben dem bayrischen Staatswappen und dem Wappen der Stadt Kaufbeuren, stillt eine Mutter ihr Neugeborenes, in der Mitte baut ein Mauerer, Stein auf Stein, die neue Stadt auf. Die Laune der Dargestellten ist, mit Ausnahme der jungen Mutter, eher gedämpft, betrachtet man ihr Mienenspiel; aber das ist angesichts der Erinnerung an das den Gablonzern Widerfahrene wohl

6 Barbara Würnstl: Die Vertriebenenstädte – zwischen Altlasten und Neubeginn, Dissertation an der Kultur-, Sozial- und Bildungswissenschaftlichen Fakultät der HU Berlin, 2018; www.edoc.hu-berlin.de/handle/18452/20939, abgerufen am 01.01.2023.

keine Überraschung. Das von Barbara Würnstl in ihrer Dissertation über die bayrischen Vertriebenenstädte konstatierte vorherrschende Arbeitsmotiv als Hebel zur Integration[7] steht am Postblock von Neugablonz im Mittelpunkt des Wandbilds und verbindet alte und neue Heimat.
Großartige, erinnerungswürdige Architektur ist das alles sicher nicht – aber die Bebauung am Neuen Markt von Neugablonz als »gesichtslos« zu bezeichnen, erscheint doch etwas bösartig: Sowohl wurde hier ein artikulierter Stadtraum geschaffen wie eine städtische, auf diesen Raum bezogene Architektur, die mit zwei Dominanten diesen Raum auch baulich erinnerungswürdig zu fassen versteht – man vergesse nicht, beide Bauten sind Wohn- und Geschäftshäuser, keine öffentlichen Bauten, und man betrachte ruhig noch einmal die zeitlich parallelen Ansichten aus Wolfsburg im vorhergehenden Kapitel, um hier ein wenig mehr Milde walten lassen zu können. Übrigens ist in Neugablonz sogar ein Gebäude entstanden, das selbst dem strengen Maßstab der Kunsthistoriker standzuhalten vermag, und zwar die 1957 geweihte katholische Herz-Jesu-Kirche des Augsburger Architekten Thomas Wechs (1893–1970), deren 56 Meter hoher Turm das Zentrum beherrscht **(46)**. Ihr Name gemahnt an die Ende der Zwanzigerjahre in Gablonz errichtete Kirche, und ein 1:1-Objekt der Erinnerung ist davor der 1968 mit der Originalplastik von Franz Metzner (1870–1919) rekonstruierte Rüdigerbrunnen **(47)**, der 1931 vor der Herz-Jesu-Kirche in Gablonz aufgestellt und nach dem Zweiten Weltkrieg entfernt worden war. Neugablonz konnte die Skulptur mitsamt den Reliefplatten von der an Devisen interessierten Museumsverwaltung der ČSSR mithilfe privater Spenden erwerben.

Auch im oberbayrischen Traunreut sind es die Kirchen, die am ehesten das Interesse von Kunsthistorikern wecken dürften: In der neuen Ansiedlung nördlich der Kreisstadt Traunstein war es kein Geringerer als der Münchener Architekt Hans Döllgast (1891–1974), der 1954 die katholische Pfarrkirche Zum Heiligsten Erlöser plante. Das Gebäude steht in der Nordostecke des Stadt- beziehungsweise Rathausplatzes, über den Traunreut trotz aller städtebaulichen Beschränkungen durch die von der Munitionsfabrik vorgegebenen und weiter zu nutzenden Strukturen wie jede Stadt zwischen Inn und Salzach selbstverständlich verfügt **(50)**. Südlich schließen sich mit Rathaus, Post und Hotel weitere für ein Stadtzentrum angemessene Nutzungen an, gegenüber erhebt sich eine durchgehende Bebauung von Wohn- und Geschäftshäusern. Die Platzsüdseite schließlich wird von der bescheidenen Kirche der Protestanten geschlossen **(51)**. Man beachte die winkelförmig-geschlossene Bebauung der Nordwestecke des Platzes, die nicht dem zeitgenössischen Ideal der »aufgelockerten« Stadt mit offener Bauweise folgt, und die mit vier Geschossen höhere Eckbebauung an der einmündenden Marienstraße, hinter der sich das Kino befindet. Das alles mag nicht weiter spektakulär sein, aber wirkt ähnlich wie in Neugablonz durchaus städtisch mit der Orientierung auf einen öffentlichen Raum, der als Treffpunkt dienen kann – Architekt Josef Rackl (1910–1996), der ab 1949 für die Planung

7 Ebd.

des Ortes zuständig war, hatte Traunreut von Anbeginn als »Stadt« verstanden, trotz der zunächst von der Regierung vorgesehenen Planzahl von 5.000 Einwohnern. Wie dynamisch sich der neue Ort entwickelte, wird auch daran deutlich, dass diese Zielvorgabe schon 1959 überholt wurde; heute zählt Traunreut über 20.000 Bürger. »Es wurde ein neuer Ort geschaffen, es war Aufbau überall. Es gab so viel Hoffnung und Freude für alle, die hier eine neue Heimat fanden und dafür alles zu tun bereit waren«, wird Christa Sollacher, einst Sekretärin von Rackl, 2019 im *Traunsteiner Tagblatt* in einem Beitrag über ihren Chef zitiert.[8]
Dass von der neuen Stadt sogleich eine Reihe von Ansichtspostkarten produziert wurde, die bis etwa 1980 die Entwicklung von Traunreut spiegeln, überrascht nicht. Auch das Spektrum der Motive folgt dem für eine Neustadt der Fünfzigerjahre zu Erwartenden: Die Aufnahmen reichen von einzelnen Straßenbildern über öffentliche Gebäude bis hin zu den unvermeidlichen Luftbildern. Besonders populär war der Blick vom Turm der katholischen Kirche, entweder über den Platz schweifend und in Richtung Alpen, die dann den Hintergrund bilden und die »neue Heimat« der Vertriebenen landschaftlich verorten, oder gen Norden, stadtauswärts. Letzterer zeigt ein deutlich uncharakteristischeres Ortsbild, doch schien er immerhin so populär, das er sowohl in den Sechziger- **(52)** als auch in den Siebzigerjahren **(53)** als Ansichtskarte reüssierte – und mit dem Neubau des kleinen Warenhauses im Vordergrund den früh einsetzenden Ersatz der Bebauung aus den Fünfzigerjahren dokumentiert. Diese war so schlecht nicht, wenn man genauer hinblickt: Eine Postkarte der Marienstraße **(54)**, Ende der Fünfzigerjahre fotografiert, zeigt den durchaus oberbayrischen Charakter der Wohngebäude mit ihren flach geneigten Satteldächern, weißen Putzfassaden und hölzernen Fensterläden, und ihre wenig schematische Anordnung lässt ein lebendiges Ortsbild entstehen, wie es typisch ist für die Dörfer in der Gegend. Öffentliche Gebäude wie die 1953 eingeweihte Schule **(55)** ließ Rackl sogar mit Sgraffiti verzieren, wie sie ebenfalls charakteristisch sind für oberbayrische Putzfassaden an ortsbildprägenden Stellen.[9]

Um den Rahmen nicht zu sprengen, werden hier nicht alle »Vertriebenenstädte« und schon gar nicht alle für die Unterbringung von Vertriebenen entstandenen Siedlungen an den Rändern existierender Städte behandelt; doch soll dem westfälischen Espelkamp noch ein Blick gelten, als Beispiel für eine Vertriebenenstadt in der Nordhälfte der Bundesrepublik, nahe der Grenze von Westfalen und Niedersachsen.
»Pommerscher Hof, Espelkamp-Mittwald. Ihr Ausflugsziel in der neu entstehenden Stadt im großen Waldgelände« – eine Anfang der Fünfzigerjahre produzierte Postkarte des Gasthofs **(57)** macht in Wort und Bild die Besonderheit von Espelkamp auf einen Blick anschaulich. Wie die Beispiele in Bayern ist auch Espelkamp am Ort einer ehemaligen Munitionsfabrik, MUNA genannt, entstanden, deren bauliche Reste die Anfangszeit dieser heute rund 25.000 Einwohner zählenden Stadt bestimmen, ähnlich wie in Neugablonz die Baracken

8 »Der Name Traunreut entstand an seinem Schreibtisch«, Traunsteiner Tagblatt, 31.12.2019.

9 Ebd.

der Munitionsfabrik. Doch schon ein paar Jahre später besitzt Espelkamp ein artikuliertes Stadtzentrum. Es spannt sich in Ost-West-Richtung entlang der angerartig weiten Breslauer Straße auf und wird dominiert von der kleinen Hochhausscheibe des Rathauses in deren Mitte und der St.-Thomas-Kirche am östlichen Ende; dazwischen erstrecken sich zwei- und dreigeschossige Wohn- und Geschäftshäuser. Was aber auffällt, ist zumindest in den Anfangsjahren der jungen Stadt die eher verhaltene Erinnerung an die Vorgeschichte ihrer Bewohner: Sgraffiti wie in Neugablonz mit explizitem Bezug zur verlorenen Heimat fehlen, und auch entsprechende Kunst im öffentlichen Raum kam erst später hinzu: Die Plastik *Nach der Flucht* etwa wurde erst 1966 in der Breslauer Straße auf Höhe des Rathauses aufgestellt, 29 Jahre später gesellte sich ein kreuzförmiger Steinblock hinzu »zur Erinnerung an das 50. Jahr nach der Vertreibung von 14 Millionen Deutschen aus ihrer angestammten Heimat«. Vielleicht war es am Anfang einfacher, nach vorn zu blicken, das Verlorene nicht offiziell oder architektonisch-künstlerisch im Stadtraum zu thematisieren? Blanke Spekulation. Worauf sich die Identität der Espelkamper nach zehn, zwanzig Jahren aber auch gründete, war die Architektur ihrer »neuen Heimat«, zumindest wenn man die Motive der Postkarten betrachtet, die ab Ende der Fünfzigerjahre von der Stadt produziert wurden. Vielfach zeigen sie das Zentrum von Espelkamp als – wie auf der anfangs erwähnten Karte charakterisierte – »Waldstadt«, besonders deutlich etwa jene vom westlichen Ende der Breslauer Straße mit Blick nach Osten aufgenommene Ansicht der Hauptstraße **(58)**: Von erhöhtem Standpunkt blickt die Kamera des Fotografen durch die schlanken Stämme der Nadelbäume in das an diesem frühen Nachmittag ruhig daliegende Zentrum. Aber auch die weiter östlich aufgenommene, das 1962 eingeweihte Rathaus in den Mittelpunkt rückende Fotokarte **(59)** zeigt, wie sich die niedrigen Wohn- und Geschäftshäuser unter die hohen Bäume ducken, wie großzügig der öffentliche Raum bemessen wurde – aber auch, mit wie wenig Leben er zum Zeitpunkt dieser Aufnahme gefüllt ist: Kein Bus, der durch die Breslauer Straße gleitet, nicht mal ein Lieferwagen ist unterwegs; und nur wenige Pkw sind in den schräg angeordneten Parktaschen vor den Geschäften abgestellt. Lediglich ganz vorn, kurz vor dem Bildrand, hat sich ein Paar auf einer Bank niedergelassen. Der »Anger« wartet noch darauf, angenommen oder befüllt zu werden.

Nicht viel, aber immerhin ein bisschen belebter wirkt das Zentrum von Espelkamp etwa Mitte der Siebzigerjahre. Die Postkarte vom Wilhelm-Kern-Platz **(60)**, der sich gleich östlich des Rathauses nach Süden dehnt, bevölkern immerhin ein paar Passanten. Angesichts der hier angrenzenden zentralen Nutzungen wie Rathaus und Post, Eiscafé und verschiedenen Läden aber ist der Eindruck doch der eines gewissen Fremdelns der Menschen mit ihrer Stadt. Erst eine Postkarte der 1963 geweihten Thomas-Kirche **(62)** zeigt sich belebt, mit drei Frauen und einem Mann im Vordergrund, die gerade im Begriff sind, die Straße zu überqueren: Der Glaube ist ihnen immerhin geblieben, scheint es.

Eine Kirche steht auch im Zentrum und Vordergrund einer Schwarz-Weiß-Postkarte vom Tannenbergplatz im Westen von Espelkamp **(63)**. Die Annahme, es hier mit dem Zentrum einer peripheren Siedlung zu tun zu haben, täuscht: Tatsächlich ist dieser Bereich der Stadt ihre eigentliche oder zumindest zweite Keimzelle, standen hier im Zweiten Weltkrieg doch die Baracken der französischen und russischen Zwangsarbeiter, die in der MUNA schuften mussten. Nach dem Krieg schnell von Ostvertriebenen vor allem aus Ostpreußen besiedelt, wurden die Baracken Anfang der Fünfzigerjahre nach und nach durch »richtige« Wohnhäuser ersetzt. Die 1956 fertiggestellte Michaelskirche am Südrand des Platzes gab der Siedlung dann auch ein spirituelles Zentrum – von ihr ist heute noch der Glockenturm erhalten.

Auch wenn das auf den Postkarten Abgebildete so oder ähnlich ebenso in Wolfsburg, Traunreut oder Neugablonz hätte gebaut worden sein können – austauschbar oder gar beliebig wirkt das Zentrum von Espelkamp aufgrund des zwar weitläufigen, aber doch eindeutig definierten und genutzten öffentlichen Raums dennoch nicht; das Siedlungseinerlei jener Jahre sieht jedenfalls anders aus – wie noch zu sehen sein wird im Hauptteil dieser Recherche, wenn es um die einzelnen baulichen Phänomene des Siedlungsbaus der »gegliederten und aufgelockerten Stadt« der Fünfzigerjahre geht. Die für die »Ostvertriebenen« errichteten Siedlungen in der Bundesrepublik erlauben davon bereits eine Ahnung. Denn anders als in Neugablonz oder Espelkamp musste an den Rändern vorhandener Städte kein neues Zentrum entstehen. Fragen von »Heimat«, »Identität« und »Erinnerung«, die, wenn auch nicht explizit, so doch im Hintergrund unweigerlich im Raum standen, wenn es um eine Stadtneugründung ging, und sich in Neugablonz und Espelkamp wie gesehen auch im Stadtbild niederschlugen, rückten am Rand einer vorhandenen Stadt in den Hintergrund zugunsten klassischer Fragen von Siedlungsplanung: Ob man in Lübeck durch die Vertriebenensiedlung *Roter Hahn* im Ortsteil Kücknitz **(65)** spaziert oder in Neumünster durch die Böckler-Siedlung **(64)**, durch Goslar-Jürgenohl **(68)**, durch die Saganer Straße in Detmold **(66)** oder durch die Breslauer Straße in Porz-Urbach **(67)** – Hinweise darauf, dass hier für Menschen gebaut wurde, die sich etliche Hundert Kilometer von ihrer Heimat entfernt ein neues Leben aufbauen mussten, finden sich heute nicht – und sie finden sich auch nicht auf den Postkarten, die in den Fünfziger- und Sechzigerjahren von diesen Siedlungen gedruckt wurden.

Ein Blick gelte noch dem Gegenstück zur Aufgabe, die aus den deutschen Ostgebieten Vertriebenen menschenwürdig unterzubringen: auf die Unterkünfte für die vom Krieg Versprengten, die in ihre Heimat zurückkehren oder in ein neues Leben in der Ferne aufbrechen wollten, für die DP, *displaced persons* also, und Auswanderer. Der lettische Künstler Jonas Mekas (1922–2019) hat das Leben in einer derartigen Unterbringung eindrucksvoll in seinen Erinnerungen *Ich hatte keinen Ort* beschrieben.[10] In Hanau war nach dem Zweiten Weltkrieg eine kasernenartige Anlage von einfachen Geschosswohnungsbauten

10 Jonas Mekas: Ich hatte keinen Ort. Tagebücher 1944–1955, Leipzig 2017.

entstanden, die der Beherbergung von »heimatlosen Ausländern« bis zu deren Auswanderung diente. 1963 zur Bereitschaftspolizei-Kaserne umgenutzt, wurden die Blöcke an der Cranachstraße nach jahrelangem Leerstand 2009 abgerissen, um einer Reihenhaussiedlung Platz zu machen. Dass von einem solchen »Unort«, einer solchen Übergangsstation im Leben Hunderter, wenn nicht Tausender Menschen, auch Ansichtskarten existieren, überrascht dennoch nicht **(69)**: Einen Bildgruß zu erhalten, der mitteilt, dass der Absender dort vorübergehend untergekommen sei – und zwar einigermaßen menschenwürdig angesichts der Trümmerwelt, in der um 1950 noch etliche Menschen leben mussten, die zwar einen Ort zum Verweilen, aber kaum ein Dach über dem Kopf hatten –, dürfte damals ein Moment der Erleichterung für jeden Empfänger gewesen sein.

Die neue Heimat Neugablonz [100%]

Neugablonz
Kirche, Schule
[100%]

40

Neugablonz
E.C.A. Siedlung
[100%]

41

Kaufbeuren – Neugablonz Allgäu
Partie an der Gewerbestraße
[100%]

42

Kaufbeuren-Neugablonz/Allgäu
[100%]

43

Kaufbeuren-Neugablonz (Allgäu)
Neuer Markt
[100%]

44

Kaufbeuren-Neugablonz (Allgäu)
Neuer Markt mit Gablonzer Ring
[80%]

45

Kaufbeuren-Neugablonz (Allgäu) **46**
Neue Herz-Jesu-Kirche
[100%]

Rüdiger-Brunnen mit Herz-Jesu-Kirche
in Kaufbeuren-Neugablonz
[100%]

47

Kaufbeuren-Neugablonz
Staatl. Fachschule f. d.
Gablonzer Schmuck- u.
Glasindustrie
[100%]

48

Neugablonz/Allgäu
[100%]

49

Traunreut/Obb.
Marktplatz mit Rathaus und kath. Pfarrkirche zum Hlgst. Erlöser
[100%]

50

8225 Traunreut/Obb.
Stadtplatz
[100%]

51

8225 Traunreut/ Oberbayern
Teilansicht
[100%]

52

8225 Traunreut/ Oberbayern
Teilansicht
[80%]

53

8225 Traunreut/Obb.
Marienstraße
[100%]

54

Traunreut
Trauntal-Obb.
[100%]

55

Traunreut/Obb. **56**
[100%]

Pommerscher Hof, Espelkamp-Mittwald 57
Ihr Ausflugsziel in der neu entstehenden
Stadt im großen Waldgelände, Krs. Lübbecke,
Fremden-Vereins-Zimmer, Saal, Garten,
Besitzer Emil Schmidt, Ruf 198
[100%]

Stadt Espelkamp – Breslauer Straße
[100%]

58

Espelkamp-Mittwald
Breslauer Straße, Rathaus
[80%]

59

4992 Espelkamp
Wilh.-Kern-Platz
[100%]

60

Espelkamp-Mittwald
Breslauer Straße
[100%]

61

Espelkamp-Mittwald
Thomaskirche
[80%]

62

63

Espelkamp-Mittwald
Tannenbergplatz
[100%]

Neumünster 64
Böckler-Siedlung
[100%]

Lübeck Kücknitz
Siedlung Roter Hahn
[120%]

65

Detmold
Hochhaus auf den Bohnenkämpen
[80%]

66

Porz-Urbach
Breslauer Straße
[80%]

67

Goslar/Harz
Stadtteil Jürgenohl,
Blick vom Hochhaus
auf Marienburger
Straße
[100%]

68

**Auswandererlager
Hanau/M.**
[100%]

69

Die Stadt von morgen?
Die Interbau 1957
im Berliner Hansaviertel

Bevor es nun in die Randbereiche der Stadt der Fünfzigerjahre geht, sozusagen in die Massenproduktion neuer Wohnwelten, sind noch ein herausragender Ort und ein besonderes Ereignis für den Wohnungsbau jener Zeit zu betrachten: und zwar das Berliner Hansaviertel und die 1957 daselbst lokalisierte Internationale Bauausstellung. Die Interbau war ein Ereignis, das internationale Aufmerksamkeit auf den Wiederaufbau von Berlin lenkte. Heute gilt ihre gebaute Hinterlassenschaft als Anwärter für das UNESCO-Weltkulturerbe,[1] zusammen mit der wenige Jahre zuvor entstandenen Stalin- beziehungsweise Karl-Marx-Allee im Osten der Stadt. Mittlerweile eine sowohl begehrte wie höherpreisige Adresse, war das neue Hansaviertel schon in seinem Zustand als Ausstellungsareal des damaligen Städtebaus eine Attraktion. Rund 1,3 Millionen Besucher in den drei Monaten, in denen die Interbau geöffnet war, ein gutes Drittel davon aus der DDR und den Ostblockstaaten,[2] zeigen das Interesse an den Vorstellungen der internationalen Planer zur »Stadt von morgen«, wie die Sonderausstellung der Interbau betitelt war. Entsprechend groß war die publizistische Begleitung zu Beginn, angeführt von dem Ausstellungskatalog selbst,[3] doch ließ das Interesse der Fachöffentlichkeit mit neuen Leitbildern in den Sechzigerjahren rasch nach. Erst seit dem 50. Geburtstag des Hansaviertels 2007 ist wieder eine größere Zahl von Veröffentlichungen zu verzeichnen, welche die verschiedenen Aspekte von Planung und Realisierung untersuchen.[4]

Wie populär die Interbau anfangs war, zeigt auch die große Zahl von Ansichtskarten, die davon produziert wurde – Bilder, die das Ereignis »Ausstellung« selbst in den Blick nehmen mit Darstellungen der dafür erstellten Infrastruktur (Sonderschauhalle, Sessellift, Ausstellungsbahn, Aussichtskran, Gastronomie-Pavillon); Bilder, die die Baustelle Hansaviertel zeigen; Bilder aber auch von der fertigen Architektur, und zwar bis hin zu den voll ausgestatteten Musterwohnungen, von den Kunstwerken, die im öffentlichen Raum Aufstellung gefunden hatten, und von den Grünanlagen im Viertel. Noch bis in die Sechzigerjahre hinein wurden weitere Motive produziert, parallel zu der Ergänzung der zur Ausstellung fertig gewordenen Gebäude um weitere Bauten, allen voran die neue Akademie der Künste, bis das Hansaviertel mit der aufkommenden Kritik am Wiederaufbau als Postkartenmotiv mehr und mehr vom Zeitgeist ignoriert wurde.

Wie schon in Wolfsburg gesehen, war der Blick von oben eine beliebte Perspektive, um die neue Stadt der Nachkriegsmoderne wie ein Stadtplaner am Modell betrachten zu können; die für den Fußgänger nicht immer nachvollziehbaren Bezüge der Baukörper zueinander sind so tatsächlich schnell zu erfassen. Eine Ansicht von Süden etwa (70) zeigt die Komposition des Hansaviertels: Lang gestreckte, acht bis zehn Geschosse hohe Scheibenbauten stehen rechtwinklig zueinander entlang des Tiergartensaums, vor ihnen breiten sich nur Flachbauten aus, gegenüber, schon im Park, erhebt sich die neue, wenngleich auf den Grundmauern des im Krieg zerstörten Vorgängerbaus errichtete Kaiser-Friedrich-Gedächtniskirche. Hinter den Scheibenhochhäusern, gestaffelt

1 https://hansaviertel.berlin/unesco/antrag/, abgerufen am 05.11.2020.

2 https://hansaviertel.berlin/interbau-1957/geschichte-interbau-57/, abgerufen am 05.11.2020.

3 Interbau Berlin 1957, amtlicher Katalog, hg. von der Internationalen Bauausstellung Berlin GmbH, Berlin-Charlottenburg 1957.

4 Zu nennen sind hier zuerst die Ausstellung *die stadt von morgen. beiträge zu einer archäologie des hansaviertels berlin* in der Akademie der Künste im Jahr 2007 und die gleichnamige Begleitveröffentlichung, hg. von Annette Maechtel und Kathrin Peters, Köln 2008. Das Buch *Das Hansaviertel. Internationale Nachkriegsmoderne in Berlin* von Gabi Dolff-Bonekämper, erschienen 1999, bildete eine Art Vorläufer zu der neuerlichen, nun historischen Betrachtung des Areals.

entlang des Stadtbahn-Viadukts und der etwa parallel geführten Klopstockstraße/Bartningallee, viergeschossige Zeilen im Westen und 20-geschossige Punkthochhäuser im Osten der Kreuzung mit der Altonaer Straße; dort, am Hansaplatz also, befindet sich das Zentrum des Viertels mit der katholischen St. Ansgar-Kirche, dem Einkaufszentrum mit Kino und der Stadtbücherei. Auch wenn auf dieser Ansicht aus den frühen Sechzigerjahren – das Wohnhaus vom Architekten Egon Eiermann, das erst 1961/62 realisiert wurde, ist am rechten Bildrand im Bau zu sehen – manches noch unfertig wirkt, ist doch die Verzahnung des Wohngebiets mit dem Tiergarten gut zu erkennen: gegenüber der gründerzeitlichen Blockstruktur, die ein strenges Nebeneinander von Park und Stadt pflegte, die wohl einschneidendste Veränderung des Wiederaufbaus, der in diesem Fall als Neuaufbau bezeichnet werden muss.

Teil dieses Neuaufbaus war auch die Überarbeitung des Stadtgrundrisses, was in einem Luftbild naturgemäß leichter erkennbar ist als aus der Fußgängerperspektive. Bei dieser Aufnahme ist vor allem die neue Händelallee gut zu erkennen, die zwar zunächst auf alter Trasse entlang des Tiergartens verläuft, östlich der Kaiser-Friedrich-Gedächtniskirche aber nach Norden abbiegt und dann zurück zur Klopstockstraße in Richtung Westen führt anstatt, wie bis dahin, in gerader Linie bis zur Altonaer Straße: Durchgangsverkehr sollte so aus dem Viertel herausgehalten werden. Komplett aufgegeben als Fahrstraße wurde die Lessingstraße, die von Norden auf die Kaiser-Friedrich-Gedächtniskirche zulief: Auf ihrer Trasse liegt nun, zwischen dem Scheibenhaus von Fritz Jaenecke/Sten Samuelson und dem Wohnhaus von Alvar Aalto, der Südeingang in den U-Bahnhof, der Rest der Trasse ist nur für Fußgänger und Radfahrer zu benutzen. Der ehemals sternförmige, im Grunde lediglich aus Straßeneinmündungen bestehende Hansaplatz wurde dadurch zu einer gewöhnlichen Kreuzung, die für den aufkommenden Autoverkehr unproblematischer war. Dafür ist jenseits der Stadtbahn die neue Trasse der nun von Moabit im Norden nach Charlottenburg führenden Bachstraße noch im Bild, ein weiteres Mittel, um wenigstens einen Teil des Durchgangsverkehrs vor dem Hansaviertel abzuleiten – auf dem »Gegenschuss« zu dieser Aufnahme, der am Ende des Bilderreigens zum Hansaviertel zu sehen ist **(85)**, ist diese neue, für den Verkehr bedeutendere Kreuzung mit der Altonaer Straße zu sehen, und zu sehen ist auch, wie viele Restflächen sie produziert hat zwischen Straße und Stadtbahn.

Auch wenn dieser »Nordeingang« ins Ausstellungsareal der Interbau selbstverständlich markiert war mit Fahnenmasten und dem Gerüst für das Ausstellungssignet, der wichtigere Zugang für die meisten Besucher war der von Süden, aus Richtung Zoologischer Garten, wo das *Zentrum am Zoo* gerade neu erstanden war, allerdings auf sehr viel konventionellere Weise als das Hansaviertel, und aus Richtung Charlottenburg, wo am Ernst-Reuter-Platz der dritte Schwerpunkt der West-Berliner »City« gerade ebenfalls im Neuaufbau begriffen war, und zwar als Verwaltungs- und Universitätsstandort. Dementsprechend war dieser Eingang ein beliebtes Postkartenmotiv. Mit dem Hochhaus *Giraffe*,

dem höchsten Gebäude des neuen Hansaviertels, dem Sessellift (71), der die Besucher der Interbau vom Bahnhof Zoo zum Schloss Bellevue transportierte und hier die Straße des 17. Juni kreuzte, und dem Informationspavillon bot dieser Eingang dankbare Motive für die Fotografen – Ausstellungselemente wie Fahnen, Interbau-Gerüst und Übersichtskarte eingeschlossen. Letztere findet sich noch heute hier sowie am S-Bahnhof Bellevue und am Hansaplatz.
Auch der nächste Ort der Interbau, die Ecke Klopstockstraße/Händelallee, bot sich als Postkartenmotiv an (72). Das gebogene neungeschossige Wohnhaus, das der Emigrant Walter Gropius mit seinem US-amerikanischen Büro TAC (The Architects Collaborative) entworfen hatte (für die Ausführungsplanung war der Berliner Architekt Wils Ebert verantwortlich), bildet den westlichen Auftakt der großen Scheibenhäuser und ist bis heute mit seiner dekorativen Südfassade (73) ein ähnlich beliebtes Fotomotiv wie das Scheibenhaus von Oscar Niemeyer, die zweite elaborierte Fassadenarchitektur der Interbau. Überraschend, dass auch das sehr viel nüchternere *Schwedenhaus* von Fritz Jaenecke und Sten Samuelson an der Altonaer Straße ein häufiges Postkartenmotiv war (81), zumindest zur Interbau und in den ersten Jahren danach, während die Punkthochhäuser an der Stadtbahn erstaunlicherweise kaum je als Einzelbauten gewürdigt wurden, sondern allenfalls als Ensemble entlang der Bartningallee (83), wie die östlich des Hansaplatzes in Richtung S-Bahnhof Bellevue verschwenkte Klopstockstraße fortan nach einem der hauptverantwortlichen Planer des neuen Viertels heißen sollte.
Das Hansaviertel war der wichtigste Ort der Interbau, doch gab es auch Bauten außerhalb dieses Bereichs wie die Unité d'Habitation von Le Corbusier am Olympiastadion oder die Kongresshalle (heute Haus der Kulturen der Welt) von Hugh Stubbins an der Spree, und zu all dem gab es eine Ausstellung der Bauwirtschaft auf dem Messegelände. Davon waren ebenfalls Postkarten erhältlich, und jene vom Außengelände der »Interbau-Industrieausstellung am Funkturm« (86) ist eine geeignete Überleitung zur »angewandten Moderne«, wie sie sich jenseits der Demonstrativ- und Versuchsbauvorhaben im ganzen Land darstellte – darauf soll im nächsten Kapitel ein Blick geworfen werden.

Berlin, Hansaviertel 70
[115%]

Interbau-Seilbahn
Berlin-Tiergarten,
Hochhaus im
Hansaviertel
[80%]

71

Berlin
Kaiser-Friedrich-
Gedächtniskirche
im Hansaviertel
[80%]

72

Internationale Bauausstellung Berlin 1957
Objekt 7:
9-gesch. Wohnhaus
mit 61 Wohnungen
(Gropius/USA,
Ebert, Berlin)
[80%]

73

Hauptrestaurant mit Objekt 1
Architekt Müller-Rehm, Siegmann
[100%]

74

Berlin
Hansaviertel
[100%]

75

Internationale Bauausstellung Berlin 1957
Wohnungsentwurf
Frau Prof. Witzelmann
im Objekt 8
[80%]

76

Internationale Bauausstellung Berlin 1957
[80%]

77

Internationale Bauausstellung Berlin 1957
[80%]

78

Im Hansaviertel von Berlin (West)
[80%]

79

Internationale Bauausstellung Berlin 1957
Möbel Bruno Mathsson Värnamo Schweden im Objekt 15
[80%]

80

Berlin-Hansaviertel, Schwedenhaus
[100%]

81

Berlin
Blick auf das Hansaviertel
[80%]

82

Berlin, Hochhäuser im Hansaviertel
[100%]

83

Berlin
Hansaviertel Aussichtskran
[80%]

84

Berlin
Blick auf das neue
Hansaviertel
[100%]

85

Interbau Berlin 1957
Industrie-Ausstellung am Funkturm, Freigelände
[100%]

86

Die gegliederte und aufgelockerte Stadt

»In der City wohnen nur noch Hausmeister oder sonst dringend erforderliches Personal. Wer kann, wählt die Ruhe der Wohnoasen im Grünen. Und wer durch Ausbombung oder Evakuierung in die ruhigen Wohnvororte verschlagen ist, drängt nicht mehr zur versteinerten Stadt zurück.«

Hans Bernhard Reichows Ausblick auf die »Stadt von morgen« ruht auf einer Sicherheit der Überzeugung, die 60 Jahre später angesichts gegenläufiger Tendenzen in Erstaunen versetzt und auf die festbetonierten Standpunkte von heute mit einer gewissen Skepsis blicken lässt. Überraschend ist aber auch, mit welcher Gleichmäßigkeit dieses neue Stadtideal seinerzeit landauf, landab umgesetzt wurde – eine im klassischen Sinne »urbane« Stadterweiterung, mit gemischten Funktionen und klar definierten Freiräumen, wie sie vielleicht noch in Stalinstadt unter den neuen Bedingungen des sozialistischen Planens erprobt wurden, war in den späten Fünfzigerjahren passé, und zwar in beiden deutschen Staaten. Es scheint ab Mitte des Jahrzehnts völlige Einigkeit darüber bestanden zu haben, wie der gewaltige Bedarf an Wohnungen zu bauen sei, in Bayern wie in Schleswig-Holstein wie in Sachsen. Und so gleichen sich die Bilder, die diese neuen Siedlungen auch den Ansichtskartenverlagen lieferten, auf frappierende Weise. Das Erstaunliche daran ist, dass es sozusagen auf doppelte Weise Unorte sind, die hier abgelichtet wurden: Indem sie zunächst vollkommen unspezifisch wirken, weder auf Topografie noch auf regionale Bautraditionen Bezug zu nehmen scheinen, sind es Bilder eines Aufbruchs, eines Blicks nach vorn, und Dokumente des Wunsches nach gleichartigen Lebensverhältnissen im ganzen Land. Heute aber sind diese Aufnahmen auch Zeugen einer längst vergangenen Welt, da die auf ihnen abgebildeten Häuser vielfach entweder längst abgerissen oder durch Sanierung weitgehend überformt sind. In der heutigen Wohnungsbaudiskussion spielen die Methoden und Erfahrungen der Fünfziger- und Sechzigerjahre zudem so gut wie keine Rolle, allenfalls der sozialdemokratische Wohnungsbaukonzern Neue Heimat rückte 2019 dank einer verdienstvollen Ausstellung noch einmal ins Bewusstsein der (Fach-)Öffentlichkeit. Doch ist das Desinteresse der heutigen Akteure auf dem Wohnungsmarkt, vom Projektentwickler bis zum Architekturbüro, am Wohnungsbau der Fünfzigerjahre so vollständig, dass sich daran nichts ändern dürfte – zu verschieden scheinen die heutigen Marktbedürfnisse, zu bescheiden die damaligen Ergebnisse. Andererseits: Gelangt man als Architekt heute in eine passabel erhaltene, also weder verwahrloste noch »totsanierte« Siedlung aus der Ära der »gegliederten und aufgelockerten Stadt«, so muss man zugeben, dass heutige Entwicklungen am Stadtrand nicht unbedingt besser sind. Gegen das dort oft anzutreffende Feuerwerk an Formen, Materialien und Farben können die schlichten Satteldachzeilenbauten von einst einen durchaus wohltuenden Kontrast bilden, und experimentellere Wohnungsbauten von damals, wie sie etwa Hans Scharoun geschaffen hat, lassen die allermeisten Neubauten unserer Zeit sowieso bieder aussehen. Der Befund, der sich mit 60 Jahren Abstand mit

Dortmund-Kley
Siedlung Echeloh

Blick auf den Wohnungsbau jener Jahre nehmen lässt, dürfte also nicht komplett schwarz durchgefärbt sein, sondern immerhin einige Grautöne enthalten – so wie die Schwarz-Weiß-Fotopostkarten, die in unüberschaubarer Menge von diesen seinerzeit neuen Siedlungen produziert wurden.

Die Zahl der damals gedruckten Motive dürfte analog zur großen Zahl der neuen Siedlungen jedes Vermögen übersteigen, einen vollständigen Überblick zu gewinnen. Überblick aber ermöglicht der historische Bildfundus insofern, als die Siedlungen einst aus so ziemlich jeder Perspektive abgelichtet wurden, wobei vor allem die bereits im Wolfsburg-Kapitel angesprochenen Luftbilder die Siedlungen in ihrer Gesamtheit und baulichen Struktur am besten zeigen – Beispiele aus der Neustadt von Schwedt an der Oder **(87)**, aus Ulm **(94)** und Sindelfingen **(91)**, aus Rüsselsheim **(89)**, aus Dortmund **(90)**, Bad Driburg **(95)** und Sennestadt **(88)**, aus Sarstedt **(92)** und Bremen **(93)** sollen an dieser Stelle genügen. Dass Luftaufnahmen neuer Siedlungen in der DDR weitaus seltener übliche Postkartenmotive waren als in der Bundesrepublik, legt die Auswahl nahe, sei hier aber nicht weiter vertieft. Einen Überblick über den damaligen Siedlungsbau in Deutschland zu gewinnen, ist nämlich noch auf andere Weise möglich: Indem man sich auf die Bau- und Raumtypologien oder auf bestimmte Aspekte der Organisation des alltäglichen Lebens beschränkt, die dem Betrachter in den Fotopostkarten von diesen Siedlungsräumen begegnen, etwa auf die Frage des Parkens der im Lauf der Jahrzehnte zunehmend zahlreicher werdenden privaten Automobile, die Gestaltung des Freiraums sowie die Zuordnung von Spielplätzen und anderen Erholungsorten. So betrachtet ist die Zahl der Motive aufgrund der Einheitlichkeit des Planungsleitbilds tatsächlich überschaubar. Unter den Bautypen zu nennen sind zuvorderst der Zeilenbau (erst mit geneigtem, später mit flachem Dach), sodann das Hochhaus (als lang gestreckte Zeile oder als kompakte Baumasse auf nahezu quadratischem Grundriss, Punkthochhaus genannt), schließlich die öffentlichen Gebäude wie das Versorgungszentrum mit Läden und Dienstleistungsangeboten – meist ein eingeschossiger Flachbau, mitunter passagenartig strukturiert mit internem Fußweg und Anlieferung sowie Parkplätzen außen –, Schule, Kindergarten und Kirche. Es ist im Grunde also genau das Programm, das im gerade angesprochenen Berliner Hansaviertel auf hohem gestalterischen und konzeptionellen Niveau realisiert wurde, heruntergebrochen auf die Möglichkeiten in Deutschlands Groß-, Mittel- und Kleinstädten und angepasst an den großen Bedarf. Begonnen sei mit dem wohl häufigsten Bautyp, dem Zeilenbau.

Schwedt 87
[100%]

Sennestadt
Luftbild
[80%]

88

609 Opelstadt Rüsselsheim/M.
Siedlung »Dicker Busch«
[100%]

89

Dortmund-Kley
Siedlung Echeloh
[100%]

90

Große Kreisstadt Sindelfingen/Württ.
Stadtteile Eschenried-Spitzholz-Eichholz
[80%]

91

Sarstedt (Han.)
Luftbild
[80%]

92

Bremen
Neue Vahr
[80%]

93

Ulm a. d. Donau
Eselsberg
[80%]

94

Bad Driburg/Westf.
Im Eggegebirge am Teutoburger Wald, Südstadt
[80%]

95

Der Zeilenbau

Wurde am Rand einer bestehenden Stadt eine neue Siedlung erschlossen, dann durfte diese Hausform nicht fehlen: der meist drei- oder viergeschossige Mietwohnungsbau. Die Wohnungen darin sind beim sogenannten Zweispänner-Grundriss an einem Treppenaufgang gespiegelt symmetrisch organisiert und somit zweiseitig belichtet, gelegentlich finden sich auch drei oder vier Wohnungen pro Treppenaufgang angeordnet, wovon die mittlere(n) dann als Kleinwohnung nur einseitig belichtet ist (sind). Selten wurde freilich ein solches Grundmodul allein realisiert, was eine jeweils dreiseitige Belichtung der Wohnungen erlaubt hätte, meist reihte man drei oder vier davon aneinander. Das Ergebnis war ein lang gestrecktes Gebäude mit Balkonen vor den Wohnräumen auf der einen Seite und relativ kleinen Fenstern auf der anderen, wo Küche, Bad und Kinderzimmer angeordnet sind. Außer diesen Spänner-Typen finden sich gelegentlich auch Laubenganghäuser, bei denen ein außen platzierter Gang die Wohnungen an die Treppenhäuser anbindet – ein bei Architekten aufgrund der horizontalen Gliederung beliebtes System, das von Bewohnern aber eher wenig geschätzt wird: Denn tatsächlich ist die Aufenthaltsqualität auf den Außengängen bescheiden, und der mitunter mögliche Einblick von dort in die Wohnungen kann mit einigem Recht als Störung der Privatsphäre begriffen werden. In den Fünfzigerjahren bildete meist ein einfaches Satteldach den oberen Abschluss dieser Gebäude, was Raum schaffte für einen Trockenboden, gelegentlich auch für Abstellräume, falls auf einen (teuren) Keller verzichtet wurde.
Ein solcher Zeilenbau war eine bauliche Grundzutat für so ziemlich jede Siedlung im Nachkriegsdeutschland, und wie sich anhand des historischen Bildfundus leicht feststellen lässt, sah er landauf, landab recht gleich aus, was nicht überraschen wird angesichts der Typisierung, mit der schon ab Mitte der Fünfzigerjahre in der DDR das Thema Wohnungsbau angegangen wurde, was aber durchaus verwundert, wenn man die Bilder aus der Bundesrepublik daneben legt, wo weit weniger verbindliche Bautypen zur Anwendung kamen. Da auch das städtebauliche Arrangement dieser Zeilenbauten nicht viel hergab außer den beiden Möglichkeiten Staffelung (parallel oder gefächert) und Reihung (in einer Linie oder auf einer Kurve), waren die Inszenierungsmöglichkeiten einer neuen Siedlung nicht nur für die Stadtplaner, sondern ebenso für die Postkartenfotografen begrenzt, die dennoch jene neuen Wohngebiete besuchten – so unspektakulär Architektur und städtebauliches Arrangement heute erscheinen mögen. Andererseits: Der Zeilenbau ist seit der vor über 500 Jahren entstandenen Fuggerei in Augsburg **(96)** das Urbild des sozialen Wohnungsbaus. Blickt man aus der Luft auf dieses Quartier, könnte der Lageplan mit seinen parallel gestaffelten Zeilen und einer quer dazu gestellten durchaus von dem einen oder anderen Architekten der Moderne zumindest im Unterbewusstsein gewirkt haben; man denke nur an die Ringsiedlung in der Berliner Siemensstadt (1929–32). In einer Nachkriegssiedlung wie der Werkssiedlung

von Siemens in Erlangen **(103)** lebt sogar das paternalistische Gen des sozialen Wohnungsbaus fort.

Die kleinsten dieser Zeilenbauten, zweigeschossige Häuser mit vier Wohnungen – zwei unten, zwei darüber –, wirken fast noch wie größere Privatwohnhäuser aus Vorkriegszeiten, und zu den Siedlerhäuschen, die etwa zeitgleich entstanden, ist der Größenunterschied auch gar nicht gewaltig. Legt man Postkarten, die solch kleine Zeilenbauten zeigen, etwa die 1965 gedruckte Ansicht der »Neubauten der MTS« (Maschinen-Traktoren-Station) in Wusterhusen bei Wolgast **(101)**, neben solche mit damals typischen Einfamilienhäusern, wie sie auf einer Fotopostkarte aus dem schleswig-holsteinischen Ort Wardersee dargestellt sind **(98)**, wird die Ähnlichkeit offenbar. Tatsächlich gab es zumindest in der Bundesrepublik eine Art Zwischentyp, gebildet aus gereihten Einfamilienhäusern unter einem gemeinsamen Satteldach – zu sehen beispielsweise auf einer Postkarte aus dem rheinischen Brühl-Vochem **(97)**. Diese Ansicht zeigt recht gut den Übergang von einem noch konventionellen Städtebau, wie er in Vochem praktiziert worden ist – die Häuser stehen an der Straße, die sie räumlich artikulieren, mit klarer Zuordnung der Eingänge zum öffentlichen Raum –, zu einer nur noch einseitig auf die Straße bezogenen Anordnung wie in Wusterhusen bis zur losgelösten Aufstellung der Bauten wie in den meisten späteren Siedlungen, wo die Zeilen mit den Schmalseiten zur Straße weisen und von dort über Stichwege erschlossen werden.

Interessanter, weil zugleich typischer und spezifischer, werden die Ansichten dieser Orte, wenn auch der Freiraum in die Betrachtung einbezogen wird. So säumen in Vochem Vorgärten die Häuser und vermitteln zwischen diesen und dem öffentlichen Fußweg – in Wusterhusen dagegen stehen die Wohnhäuser ohne eine solch definierte Zwischenzone an der Fahrbahn aufgereiht: Der Unterschied zwischen privatem Wohnhaus mit entsprechend gepflegtem (und gestaltetem) Garten und dem Mietshaus, das von (halb-)öffentlichem Raum umgeben ist, wird sofort deutlich. Es ist in Wusterhusen schon das berüchtigte »Abstandsgrün«, das in jenen Jahren zumindest in der Bundesrepublik von eifrigen Hausmeistern mit einem ganzen Arsenal von Schildern wie »Betreten der Rasenfläche verboten«, »Fußballspielen verboten«, »Spielen verboten«, »Hundeausführen verboten« und dergleichen gegen jede Aneignung und Benutzung verteidigt wurde. Die Szenerie in Wusterhusen wirkt dagegen lässig: Hühner, ein F9-Zweitakter und die Kinderschar fügen sich in die sozialistische Landwirtschaftskulisse.

Doch diese Idylle war eher eine Ausnahme in der fotografischen Inszenierung des »neuen Deutschlands«. Frei herumlaufendes Geflügel und herumlungernde Halbstarke jedenfalls stellten ausgesprochen selten die Staffage dar, wenn es darum ging, in »jedem Dorf einen Neubau« für einen der Ansichtskartenverlage in der DDR abzulichten – man blicke auf Postkarten wie die vom Brahmsweg in Weißenfels-West (Druckjahr 1969) **(105)** oder vom Siggelkower Weg (heute Ostring) in Parchim (1967) **(106)**, von den Neubauten in Ketzin (1973) **(107)** und in Crivitz (1975) **(108)**, von der Johannes-R.-Becher-Straße in Schönebeck-Neustadt (1966) **(112)** und von der ebenfalls an diesen Dichter erinnernden Straße in Döbeln (1969) **(111)** sowie von der Philipp-Müller-Straße in Strausberg (1966) **(113)**. Die drei Letztgenannten zeigen neben dem generellen Eindruck des Aufgeräumten, des gut organisierten Wohnalltags einschließlich Anbindung an den öffentlichen Nahverkehr auch die städtebaulich häufige Anwendung des Bautyps, mit Anordnung längs zur Straße auf der einen Seite und quer dazu gestellt auf der anderen. Die Kombination aus Drei- und Viergeschossern findet sich ebenfalls in vielen Siedlungen jener Zeit. Das Brachland, das sich auf einer 1969 gedruckten Postkarte eines Vertreters der 1959 eingeführten Baureihe Q6[1] am Grünen Weg im mecklenburgischen Lübtheen dehnt **(110)**, ist allerdings ebenso programmatisch lesbar: Die neue Zeit mit ihren Bauten wächst aus dem Humus der besten Traditionen des Landes, oder: Die neue Gesellschaftsordnung erobert neuen Boden für die Arbeiterklasse, oder: Wo vorher nur Dreck war, steht jetzt ein Mehrfamilienhaus mit Balkonen, Fernheizung und fließend Warmwasser. So ins Bild gesetzt, erscheint selbst ein architektonisch bestenfalls knapp aus dem baugeschichtlichen Mittelmaß herausragender Typenbau als Monument von elementarer Wucht.

Und im Westen? Sah es Ende der Sechzigerjahre gar nicht so viel anders aus, zumindest nicht auf den Postkarten, die von den neuen Siedlungen gedruckt wurden. Bockum-Hövel **(109)** und Crivitz oder Salzgitter-Lebenstedt **(118)** und Strausberg wirken auf den Bildern jedenfalls nicht wie Orte in zwei Staats- und Wirtschaftswesen, die sich dann doch in mehr Aspekten unterschieden als nur in der Präsenz von Volkswagen, Jägerzaun und etwas konsequenter asphaltierten Wohngebietsstraßen, nicht aber in Klettergerüsten, die die Spielplätze zum Raketenstartplatz für den Nachwuchs werden ließen.

Doch dazu später mehr. Zunächst sei noch ein Blick auf die weitere Entwicklung des Zeilenbaus geworfen, denn so schlicht der Gebäudetyp auch wirken mag, vor allem gegenüber den zunehmend komplexeren Geometrien und Erschließungssystemen, die im Lauf der Sechzigerjahre entwickelt und bis in die Siebzigerjahre umgesetzt wurden, bildete er doch noch eine ganze Weile das Rückgrat des Wohnungsbaus in der Bundesrepublik und der DDR.

In Letzterer prägten zunehmend industrielle Methoden den Wohnungsbau – konventionelle Putzfassaden waren bald passé. In Aschersleben und in Sangerhausen etwa ist zu Beginn der Sechzigerjahre die Großtafelbauweise mit ihrem markanten Fugenbild ein prägendes Element der neuen Siedlungen Kosmonautenviertel (ab 1960) und Süd (gebaut ab 1964). Das Ascherslebener Beispiel **(115)** war die erste Anwendung der Plattenbauweise im DDR-Bezirk Halle – rund 1.600 Wohnungen wurden am Rand der damals knapp 40.000 Einwohner zählenden Stadt errichtet. Die Siedlung Süd im etwas kleineren Sangerhausen **(116)** zählte rund 1.000 Wohnungen. Betrachtet man zeitgenössische Fotokarten der beiden Siedlungen und vergleicht sie mit dem heutigen Zustand, wird schnell klar, dass die später oft als monoton verrufene Plattenbauweise

1 Deutsche Architektur, 8/1959, S. 418f.; https://www.bbr-server.de/bauarchivddr/archiv/dokumente/3-2-2-4-wohnungsbauserie-q6.pdf, abgerufen am 25.12.2020.

zumindest anfangs durchaus keine ästhetische Verschlechterung der Siedlungsbilder mit sich brachte – im Gegenteil: Gegenüber den zuvor errichteten Putzbauten haben die Montagebauten eine grafische Feinheit, die das Streben der modernen Architektur nach Leichtigkeit und Wandelbarkeit viel eher zum Ausdruck bringt; ein Eindruck, der hier auch von den Schwingflügelfenstern transportiert wird, die wie Flügelschläge der Fassaden wirken. Die Schwarz-Weiß-Aufnahme vom Kosmonautenviertel deutet zudem an, dass der vermeintlichen Monotonie durch eine farbliche Behandlung der Fertigteile entgegengewirkt werden konnte, wie sie der Giebel der hinteren Zeile zeigt; dies bewirkte einen zusätzlichen Anhauch von tänzerischer Bewegtheit der Elemente.

Farbige Postkarten geben ein realistischeres Bild vom ursprünglichen Eindruck der neuen Siedlungen. In Hoyerswerda **(119)**, wo nach Stalinstadt für die Belegschaft des neuen Braunkohleveredlungskombinats ab 1956 die zweite Neustadt im sozialistischen deutschen Staat errichtet wurde, zeigen Anfang der Sechzigerjahre produzierte Aufnahmen der ersten drei Wohnkomplexe auch diese Gestaltungsebene für die neue Bauweise – der Beginn der Montage der Fertigteile an Block 114 im Wohnkomplex I war am 2. Mai 1957 die Geburtsstunde der Plattenbauweise in der DDR.[2] Zur Umsetzung kam eine recht differenzierte Farbplanung: Abschnittsweise wurden die viergeschossigen Fassaden der bis Ende 1958 bezugsfertigen Wohngebäude auf ganzer Höhe in zwei Farbtönen gestrichen – Sandgelb und Hellrot. Das Erdgeschoss wurde als eine Art Sockel über dem Sockel abgesetzt; die durchlaufenden Streifen der Geschossdecken unterstreichen die horizontale Lagerung der lang gestreckten Zeilen, bevor die überstehende Traufe einen kräftigen Schlagschatten wirft. Die zwischen den Häusern sich dehnenden Grünflächen stehen zur Farbe der Fassaden und Dächer in kräftigem Kontrast. Diese Bilder sind Beispiele für die damalige Lösung des Problems der farbigen Gestaltung von Wohnkomplexen, wie sie auch in zeitgenössischen Ausgaben der Zeitschrift *Deutsche Architektur* diskutiert wurde: »Bekanntlich wirkt das nach Rot neigende Ende des Spektrums ... anregend und aktivierend. Das sind Wirkungen der Farben, die auch bei den hellen Anstrich- und Materialtönen der Bauwerke eintreten und die sich vor allem der Wohnungsbau zunutze machen muß; denn die neue Gesellschaftsordnung widerspiegelt sich in den Wohngebieten vor allem in der Wohnkultur, die nicht nur an die Funktionstüchtigkeit der Wohnung selbst gebunden sein kann, sondern auch in der Organisation und in der künstlerischen Komposition der Wohnkomplexe zum Ausdruck kommen muß.«[3]

Interessant genug, dass ähnliche Gestaltungsprinzipien in der Bundesrepublik verfolgt wurden. Die Bonner Straße in Porz-Eil **(114)** zeigt allerdings, dass Putzfassaden im Ganzen farblich behandelt werden mussten, die Zeilenbauten allerdings viel zu groß waren, um ein Farbfeldspiel vor dem Auge des Betrachters in Gang zu setzen. Doch gab es kleinere Sonderbauten, wie die links in die Aufnahme ragende Geschäftszeile, die eine Kleinteiligkeit ins Bild brachte, vor allem aber gab es die Möglichkeiten der Landschaftsarchitektur: Die versetzt zueinander

2 Spirit of Zuse e. V. (Hg.): Superumbau 2003. Hoyerswerda Neustadt, Hoyerswerda 2003.

3 Lothar Förster: Zum Problem der farbigen Gestaltung von Wohnkomplexen, in: Deutsche Architektur, Heft 2/1959, S. 101.

angeordneten farbigen Platten auf dem Gehweg ergeben eine solch flirrende Fläche im Siedlungsbild, die sich an dieser Stelle sogar glücklich bis in die Gegenwart erhalten hat. Hingegen ist die typische Erscheinung des DDR-Wohnungsbaus unter den energetischen Sanierungsmaßnahmen der letzten Zeit inzwischen weitgehend verschwunden, sofern die Häuser denn überhaupt noch stehen, nach all den Abrissen des Bundesprogramms *Stadtumbau Ost* in den vergangenen 20 Jahren.

Aus welcher Zeit die für den Abriss bestimmten Wohnhäuser stammten, spielte dabei eine untergeordnete Rolle, da meist aber eher am Rand einer Stadt Wohnfläche »vom Markt genommen« wurde als Richtung Zentrum, fielen tendenziell mehr Wohnbauten aus den Siebziger- und Achtziger- als aus den Fünfziger- und Sechzigerjahren dem Schrumpfkurs zum Opfer. Eine Aussage über die architektonische Qualität war damit nicht verbunden. Denn auch wenn in der späteren DDR-Zeit Wohnungsbauten überwiegend nach den Bausystemen P1 oder WBS 70 errichtet wurden, gab es regional durchaus Ambitionen, diese Systeme weiterzuentwickeln oder an örtliche Gegebenheiten anzupassen. Dass trotz der fortgeschrittenen Systematisierung noch Varianz möglich war, zeigt schon ein flüchtiger Blick auf die Postkarten, die nach 1970 vom DDR-Wohnungsbau produziert wurden: Die versetzten Balkone etwa an den Fassaden in Schwerin-Lankow **(124)** und Parchim **(129)** oder die loggienartig überdachten und einseitig geschlossenen Balkone in Greifswald-Schönwalde **(126)** sind nur Details, die nichts über die gestalterische Ambition des Ganzen sagen mögen, das häufig zu hörende Urteil über die vermeintliche Monotonie des DDR-Geschosswohnungsbaus jener Jahre relativiert sich aber durchaus mit einem Blick darauf, was wenige Jahre zuvor in der Bundesrepublik geschaffen wurde: Die bereits festgestellte Ähnlichkeit bei den kleineren Zeilenbauten ist ebenso im größeren Maßstab zu belegen – und wird sich auch nicht abschwächen, wenn man auf die die neuen Siedlungen dominierenden Wohnhochhäuser blickt, die ab den Fünfzigerjahren eine neue Wohnform in Deutschland etablierten.

Augsburg 96
Fuggerei
[100%]

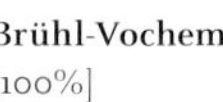

Brühl-Vochem
[100%]

97

Siedlung Wardersee/
Krs. Segeberg
[100%]

98

Altenbeken/Westf.
[100%]

99

Bad Grund i. Oberharz
Siedlung »Grüne Tanne«
[80%]

100

Wusterhusen (Kr. Wolgast)
Neubauten der MTS
[100%]

101

Waldbröl im Oberbergischen Land
[100%]

102

Erlangen
Siemens-Siedlung
[100%]

103

Gross-Lüsewitz (Kr. Rostock)
Institut für Pflanzenzüchtung
[100%]

104

Weißenfels-West 105
Brahms-Weg
[100%]

Parchim 106
Siggelkower Weg
[100%]

Ketzin (Havel)
Neubauten
[80%]

107

Crivitz (Kr. Schwerin)
Neubauten
[100%]

108

Bockum-Hövel
Neue Siedlung
[100%]

109

Lübtheen (Meckl.)
Grüner Weg
[100%]

110

Döbeln
Johannes-R.-Becher-Straße
[80%]

111

Schönebeck (Elbe) – Neustadt
Johannes-R.-Becher-Straße
[100%]

112

Strausberg 113
Philipp-Müller-Straße
[100%]

Porz-Eil **114**
Bonnerstraße
[100%]

Aschersleben
Kosmonautenviertel,
Juri-Gagarin-Straße
[100%]

115

Sangerhausen
Leninstraße
[100%]

116

Wolgast 117
Rudolf-Breitscheid-Straße
[100%]

Salzg.-Lebenstedt
Abschnitt VII,
Wilh.-Kunze-Ring
[100%]

118

Hoyerswerda
[100%]

119

Rheinhausen
Neues Stadtkerngebiet
[100%]

120

Elsterwerda
Blumenstraße/
Straße des Aufbaus
[100%]

121

Glauchau
Albert-Schweitzer-Siedlung
[80%]

122

Halle (Saale)
Wohnstadt Nord,
Seebener Straße
[100%]

123

Schwerin-Lankow
[100%]

124

Salzg.-Lebenstedt
Abschnitt X
[100%]

125

Greifswald-Schönwalde (neuer Stadtteil)
[100%]

126

Coswig (Kr. Meißen)
Hans-Beimler-Straße
[80%]

127

Cottbus (Ost)
Hans-Beimler-Straße
[100%]

128

Parchim
Leninstraße
[100%]

129

Germering/Obb.
[100%]

130

Brandenburg (Havel)
August-Schärttner-Straße
[80%]

131

Scheibe oder Punkt – das Wohnhochhaus

»Im Allgemeinen hat sich das Punkthaus im Wohnungsbau jedoch nicht im erwarteten Umfang durchgesetzt. Zur herrschenden Form wird die hohe Scheibe! Der Grund liegt auf der Hand: Eine Bebauung mit Punkthäusern ergibt bei Einhaltung der nötigen Abstände (›Bauwiche‹) eine wesentlich ungünstigere Ausnützung des Baulandes als eine Bebauung mit ebenso hohen, aber langgestreckten Scheiben ... Bei einer aus Punkthäusern bestehenden Bebauung werden die nicht bebauten Flächen zersplittert, während sie sich bei der Scheiben-Bebauung zu größeren Einheiten zusammenfassen lassen. Dasselbe gilt für die Möglichkeiten der Raumbildung und nicht zuletzt für die plastische Erscheinung. Eine Gruppe von Scheiben schließt sich zu einer einheitlichen Silhouette zusammen. Eine Reihe von Punkthäusern kann leicht aufdringlich und letztlich ermüdend wirken.
Damit soll das Punkthaus nicht etwa aus städtebaulichen Gründen überhaupt abgelehnt werden. Aber es muß seinem besonderen räumlichen und plastischen Charakter gemäß angeordnet werden. Seine Form charakterisiert es als ein sich isolierendes Einzelwesen, das den Anspruch aus Distanz erhebt. Die notwendige ›Einmaligkeit‹ ergibt sich von selbst, wenn das Punkthaus nur an besonderen Punkten, wo es auch seiner Bedeutung gemäß funktionell gerechtfertigt ist, errichtet wird, wie etwa im Zentrum eines Wohnkomplexes oder Wohnbezirkes.«[1]

»Die Scheibe als ästhetisches Prinzip und architektonisches Element ist ein legitimes Produkt der progressiven Linie der modernen Architektur seit 1900. Die Scheibe als architektonisches und die Großplatte als konstruktiv-technologisches Element treten in annähernd der gleichen Zeit auf. Sie haben verschiedene Ausgangspunkte, streben aber von innen her zu einer Korrespondenz. Ihre tiefere Begründung findet die Scheibe in der Raumkonzeption der modernen Architektur. Über sie lässt sich auch ihre Umsetzung zu Großformen (als Hochhausscheibe) im städtebaulichen Großraum begreifen. Die Scheibe in ihrer historischen Stellung ist ein Schritt auf dem Wege vom Einzelbauwerk zum Baukastensystem. Die ästhetischen Gesetze, die in der Scheibe wirksam sind, entsprechen voll den Bedingungen moderner Fertigung: Großserie, Montagefähigkeit, Austauschbarkeit und Umkehrbarkeit ihrer Position.«[2]

Während im Zeilenbau die große Masse der Neubauwohnungen entstand, gab es Höhendominanten, die aus dem Meer der Gleichförmigkeit herausstachen, Orientierung in den weiträumigen neuen Stadtlandschaften boten, mitunter besondere Funktionen aufnahmen. Für diese existierten in den Sechzigerjahren zwei Bauformen: das lang gestreckte, schmale Scheibenhochhaus mit zweiseitiger Orientierung, das quasi eine Vergrößerung des Zeilenbaus darstellt, und

1 Hans Schmidt, Deutsche Bauakademie, in: Deutsche Architektur, Heft 11/1963, S. 688.

2 Karl-Heinz Hüter in: Deutsche Architektur, Heft 3/1965, S. 188.

das vierseitig orientierte Punkthochhaus. Diese beiden Bautypen entstanden allerdings nicht nur in den neuen Siedlungen an der Peripherie der alten Städte, gelegentlich schafften sie es auch bis in die Zentren oder zumindest bis an deren Rand, was den Maßstabssprung, der mit diesen Gebäuden erreicht wurde, besonders deutlich werden lässt.

Ein anschauliches Beispiel dafür fand sich 30 Jahre lang am Bautzener Kornmarkt beziehungsweise vormaligen Platz der Roten Armee: das 13-geschossige Wohnhochhaus mit dem *Haus der Mode* im Sockel: Geplant vom Kollektiv Richter und 1970 fertiggestellt, stand es »in eigenwilligem Kontrast zur Stadtsilhouette«, wie ich bei einem Besuch der Stadt Mitte der Neunzigerjahre in einem Stadtführer gelesen zu haben mich erinnere. Zur Jahrtausendwende wurde dieser Kontrast beseitigt, mangelnder Brandschutz ist als Grund zu finden.[3] Auf der Brache errichtete die Bautzener Wohnungsbaugesellschaft 2010–14 das *Kornmarkthaus* nach Plänen der bauplanung bautzen gmbh, eine neomoderne Wohn- und Geschäftshausbebauung, die genauso wenig mit dem historischen Bautzener Stadtbild zu tun hat wie der Vorgänger, der aber die großstädtische Coolness der alten Hochhausscheibe abgeht. Diese reüssierte, wen wundert's, seinerzeit auch als Postkartenmotiv: sowohl in panoramatischen Ansichten des Stadtzentrums **(132)**, auf denen sie als »Haus der Mode« ausdrücklich Erwähnung findet, als auch in Einzeldarstellungen **(133)**.

Das Bautzener Beispiel ist allerdings insofern ein Sonderfall, als hier kein Typenbau realisiert wurde. In der DDR zu jener Zeit viel weiter verbreitet waren reine Wohnhochhausscheiben ohne Laden- oder Gewerbenutzung im Sockel; Letztere wurde in eigenen Flachbauten untergebracht. Der 2. Bauabschnitt der Berliner Karl-Marx-Allee zwischen Alexanderplatz und Strausberger Platz, realisiert 1959–65 vom Architektenkollektiv Josef Kaiser auf Grundlage des städtebaulichen Entwurfs der Kollektive Edmund Collein und Werner Dutschke, bietet dafür ein exzellentes Beispiel, dargestellt auch auf unzähligen Postkarten, deren jüngste Exemplare erst vor wenigen Jahren verlegt wurden. Der Blick vom Strausberger Platz stadteinwärts etwa **(134)** zeigt das im ersten Zitat vom Schweizer Architekten Hans Schmidt, der nach dem Krieg in die DDR übergesiedelt war, angesprochene Verhältnis von Scheiben- und Punkthochhaus: Die zehngeschossigen Scheibenhochhäuser vom Typ QP 64[4] flankieren den überbreiten Raum der Karl-Marx-Allee, im Fluchtpunkt der Perspektive aber erhebt sich das Hotelhochhaus am Alexanderplatz als frei stehender Solitär (eine Rolle, die zuvor, aus größerer Entfernung, der deutlich höhere Fernsehturm übernommen hat, auf den die Einfallstraße bis zum Strausberger Platz zielt, und der nach dem kaum merklichen Knick der Straße an jenem Kreisverkehr zur Seite tritt). Dass eine reine Reihung solcher Scheiben ohne eine entsprechende Fluchtpunkt-Dramaturgie aber schnell eintönig wirken kann, zeigen die Darstellungen auch, etwa, wenn nur die glatten Kachelfassaden der Scheibenhäuser im Bild stehen, ohne die Hochhäuser am Alexanderplatz oder am Strausberger Platz als Halt für das Auge im Hintergrund **(135)**.

3 https://www.vdw-sachsen.de/referenz/bautzen-das-kornmarkthaus/, abgerufen am 09.12.2020.

4 www.jeder-qm-du.de/ueber-die-platte/plattenbau-typen/qp-59/61/64/, abgerufen am 25.12.2020.

Während sie auf jener 1963 gedruckten Schwarz-Weiß-Ansicht nur im Bild fehlen, nicht aber in der Konzeption des Stadtraums, demonstriert eine Postkarte der Leninallee in Schwedt **(136)**, wie eine solche Bebauung wirkt, wenn es an perspektivischer Auflösung tatsächlich mangelt: Verloren stehen die Zehngeschosser am nördlichen Abschnitt der heute Lindenallee genannten Magistrale, es fehlt jener Solitär, der diese Kulisse bespielt, den Raum mit Bedeutung auflädt – eine Rolle, die in einer damals gerade 50.000 Einwohner zählenden Stadt freilich nicht leicht zu besetzen ist. Das Centrum-Warenhaus gegenüber schafft dies nicht, auch wenn das bis heute erhaltene Gebäude eine immerhin großstädtische Bauaufgabe in der Stadt darstellt. Das Kulturhaus am Südende der Straße, am alten Standort des Schlosses, ist aufgrund der großen Entfernung dazu nicht in der Lage. Es muss in diesem Fall wohl schlicht der Maßstab der Hochhausscheiben und des Stadtraums als zu ambitioniert gelten. Um wie viel mehr gilt dies heute, da Schwedt nur noch 35.000 Einwohner hat.

Etliche Wohnhochhausscheiben, die um 1970 in der DDR gebaut wurden, basierten auf dem Typenbau P2. Von den Architekten Wilfried Stallknecht, Herbert Kuschy und Achim Felz am Institut für Hochbau an der Bauakademie entwickelt, wurde er erstmals in Berlin realisiert, und zwar 1961/62 im Lichtenberger Wohngebiet Fennpfuhl.[5] Äußerlich schlicht, beinhaltete das Gebäude doch eine Reihe von Innovationen: Dank innen liegendem Treppenhaus und den gleichfalls innen liegenden Räumen Küche und Bad konnte die Außenwandlänge reduziert werden, die über sechs Meter spannenden Betondecken ermöglichten den Verzicht auf tragende Wände zugunsten einer bis dahin ungekannten Variabilität, die bis in die modularen Möbelsysteme weitergedacht wurde, und im Erdgeschoss war Platz für Gemeinschaftseinrichtungen. Der Bevölkerung wurde das neue Wohnen mit einer sechswöchigen Ausstellung nahegebracht, bei der 30.000 Besucher die 16 unterschiedlich ausgestatteten Musterwohnungen in Augenschein nahmen.[6] Nach einer Weiterentwicklung im Rahmen eines von der Bauakademie durchgeführten Wettbewerbs zur weiteren Standardisierung und Typisierung des Bauens, den das Team um Stallknecht gewinnen konnte, entstanden drei Versuchsgebäude, die den P2 als Typ P 2.12 in unterschiedlicher Gestalt, darunter auch als Hochhausscheibe, auftreten ließen: und zwar fünf- und zehngeschossig an der Storkower Straße in Berlin-Prenzlauer Berg, geplant von Stallknecht und seinem Team mit dem Zweigbüro Finsterwalde des VEB Hochbauprojektierung Cottbus und dem VEB Berlin-Projekt, sowie siebengeschossig in Streifenbauweise im Stadtzentrum von Frankfurt (Oder), geplant vom Kollektiv Hans Tulke mit dem VEB Hochbauprojektierung Frankfurt. Der Berliner Fünfgeschosser wurde wiederum in einer Ausstellung von 20 Musterwohnungen präsentiert, die in vier Wochen über 50.000 Besucher zählte, außerdem gab es Wohnungsausstellungen in Frankfurt, Schkopau und Leipzig, und mit dem Typ P 2.21 wurde zudem eine Variante explizit für Hochhäuser vorgestellt.[7] Diese drei Experimentalbauten waren sozusagen die Prototypen für eine mit all ihren Varianten bis 1990 über 360.000-mal realisierte Wohnung:

5 Deutsche Architektur, Heft 9/1962.

6 Harald Engler: Wilfried Stallknecht und das industrielle Bauen, Berlin 2014.

7 Deutsche Architektur, Heft 9/1965.

Anders als vorangegangene Typenbauten kam der P2 im ganzen Land zur Anwendung und löste mit seinen Unterreihen und Erweiterungen wie Radialsegmenten die bis dahin von Bezirk zu Bezirk teils unterschiedlichen Baureihen ab. Im Gegensatz zum äußerlich schlichten Fünfgeschosser wurden die beiden höheren Versuchsbauten in Berlin **(137)** und Frankfurt **(139)** auch als Ansichtskartenmotiv verbreitet, wobei das Frankfurter Gebäude aufgrund seiner zentralen Lage an der Ecke von Platz und Magistrale zuweilen eher beiläufig ins Bild geraten sein mag.

Im Westen dagegen war der Bautypus Wohnhochhausscheibe viel seltener präsent. Das mag einerseits an der sehr viel weniger konsequenten Typisierung des Wohnungsbaus gelegen haben, andererseits aber an dem viel stärker geförderten Wohnideal Einfamilienhaus, das mitsamt den davon abgeleiteten Bauformen Reihenhaus- und Bungalowsiedlung eine stärkere Gliederung des Siedlungsbilds mit sich brachte. Im Grunde war Letzteres, wie schon am Anfang dieses Kapitels konstatiert, bis etwa 1970 vielerorts eine Ableitung des Berliner Hansaviertels: mit ein- bis zweigeschossigen Einfamilienhäusern am Rand sowie viergeschossigen Zeilenbauten mit Mietwohnungen und einzelnen Hochpunkten, in denen häufig Kleinwohnungen konzentriert wurden. Hochhausscheiben wie in der DDR waren in diesem Bautenkatalog eher selten enthalten. In Hamburg allerdings findet sich aus den Anfangstagen des Wiederaufbaus ein herausragendes Beispiel dafür, wie ein komplettes Stadtquartier mit diesem Gebäudetyp neu erbaut werden konnte: die Grindelhochhäuser **(140)**. Im Überblickswerk *Hamburg und seine Bauten 1929–1953* ist dem 1946 von der britischen Besatzungsmacht initiierten, 1948 von der Gemeinnützigen Siedlungs-Aktiengesellschaft SAGA übernommenen und bis 1956 zu Ende geführten Ensemble ein ganzes Kapitel gewidmet.[8] Ausführlich wird hier erläutert, warum für die Errichtung von fast 1.000 Wohnungen mit 150.000 Quadratmeter Wohnfläche und Restaurationsräumen die Wahl auf diesen Bautypus fiel: »Die Errichtung dieser dann luftumspülten, ganz frei im Gelände stehenden Bauwerke, mit fast 100 m Abstand voneinander, erforderte bei solcher Höhenentwicklung nur 9 v. H. der gesamten Grundfläche, so dass 91 v. H. für die ausgedehnten, die gesamten Blöcke umfließenden Parkanlagen den Bewohnern zur Verfügung bleiben würden, während die erwähnte durch den Krieg zerstörte Bebauung 41 v. H. dieser Geländefläche in Anspruch genommen hatte.« Der Begriff der »Parkstadt«, der ähnlichen Siedlungen der Fünfzigerjahre angeheftet wurde, klingt in diesen Sätzen der Autoren Rudolf Lodders und Bernhard Siebert schon an. Lodders war als Architekt an der Planung beteiligt, außer ihm wirkten Bernhard Hermkes, Bernhard Hopp, Carl Karpinski, Rudolf Jäger, Albrecht Sander, Ferdinand Streb, Fritz Trautwein und Hermann Zess. Die Architekten planten zwei Reihen mit je drei 15-geschossigen Hochhäusern, auf Lücke versetzt und flankiert von drei Reihen mit je zwei achtgeschossigen Zeilen. Im Luftbild, das in dem Buch dem Beitrag beigegeben wurde, wirkt die streng in Nord-Süd-Richtung gereihte Neubebauung ein wenig wie ein Kriegsmarineverband oder

8 Architekten- und Ingenieurverein Hamburg e. V. (Hg.): Hamburg und seine Bauten 1929–1953, Hamburg 1953, S. 182ff.

ein in Formation fliegendes Bombergeschwader, im Stadtraum allerdings kann das Ensemble durchaus einen Eindruck von Bewegung und Dynamik entfalten, jenes »Fließen«, das gemeinhin dem Stadtraum der Moderne attestiert wird. Dass der Grindelberg dabei durchaus urban anmutete, lag freilich nicht nur an der Dimensionierung und Anordnung der Gebäude, sondern auch an der gemischten Nutzung, die im Erdgeschoss Läden und Gastronomie vorsah, in den Obergeschossen zum Teil auch Büros und öffentliche Einrichtungen wie eine Bibliothek und das Bezirksamt Eimsbüttel. Zeitgenössische Ansichtskarten vermitteln noch heute einen guten Eindruck, wie der neue Grindelberg auf die Fotografen seiner Zeit wirkte und wie diese seine Qualitäten einzufangen versuchten. Wenn die Kamera etwa an der Oberstraße postiert wurde, standen nur die beiden nördlichen 15-Geschosser im Bild, was zu Beginn, als das Ensemble lediglich fragmentarisch realisiert war, bereits einen Eindruck des »Hamburgs von morgen« suggerierte.

Nachfolgeprojekte vergleichbarer Dimension sollte es dennoch nicht geben in der Bundesrepublik – das Leitbild der offenen Bauweise blieb zwar zunächst erhalten, doch standen Urbanität und Mischnutzung bald nicht mehr im Mittelpunkt der Planungen. Das zeigte sich schon kurz nach den Grindelhochhäusern in München, wo mit der Parkstadt Bogenhausen 1954–57 eine Siedlung entstand, die an ihrem Südrand ein ganzes Stakkato an achtgeschossigen Hochhausscheiben enthält und ein Beispiel darstellt, wie mit Hochhausscheiben in strenger Reihung gearbeitet werden kann. Doch schon hier wandelte sich die Parkstadt zur Parksiedlung, kommt ein Eindruck von Urbanität und Dichte nicht mehr auf. Die 2.000 Wohnungen zählende, für 6.000 Bewohner geplante Anlage wurde von der Gemeinnützigen Wohnungsbaugesellschaft Hamburg errichtet und fiel später an die Neue Heimat. Für die Gebäude – neben den Scheiben finden sich Ketten von viergeschossigen Bauten, die eine innere Ringstraße fassen, Punkthochhäuser, Reihenhäuser, ein Ladenzentrum und Schulen – zeichneten die Münchner Architekten Franz Ruf, Hans Knapp-Schachleitner, Johannes Ludwig, Matthä Schmölz und Helmut von Werz verantwortlich, die Landschaftsplanung oblag dem Gartenarchitekten Alfred Reich. Der Blick aus einem der Hochhäuser nach Süden, der Ende der Fünfzigerjahre als Postkarte verlegt wurde **(138)**, zeigt die Scheiben hinter dem Einkaufszentrum und den niedrigeren Wohnhäusern an der Ringstraße wie zum Appell angetreten – ein kräftiger Einbruch der Moderne in die behaglich-betuliche Münchner Wohnungsbauarchitektur jener Zeit. Die leicht schematische Wirkung der parallelen Reihung lässt allerdings auch ahnen, warum unter dem herrschenden Leitbild der organischen Stadt in der Bundesrepublik der Fünfzigerjahre zumindest beim Bau von Wohnhäusern dieser Dimension eher selten auf diese Anordnung zurückgegriffen wurde – man blicke noch einmal auf die Luftbilder neuer Siedlungen am Beginn dieses Kapitels.

Typischer war der Einsatz des Bautyps Hochhausscheibe, wie er im West-Berliner Ortsteil Charlottenburg-Jungfernheide zu sehen ist. Dort entstand Ende der Fünfzigerjahre unter der Ägide der Wohnungsbaugesellschaften GSW und Gewobag im Anschluss an die Siedlung Siemensstadt aus den Zwanzigerjahren eine neue Großsiedlung, die den Bautyp Wohnhochhausscheibe in unterschiedlicher Ausprägung enthält – in etwas konventionellerer Form vom Architekten Werner Weber **(141)**, in extravaganterem, weil mit niedrigeren Gebäuden verbunden und auf diese Weise raumbildendem Auftritt von Hans Scharoun geplant **(142)**. So wie das Gebäude von Weber kamen die meisten scheibenförmigen Wohnhochhäuser im Siedlungsbau der Bundesrepublik und West-Berlins als Dominante zum Einsatz– als Solitäre also, wie sie, Hans Schmidt zufolge, eigentlich das Punkthochhaus bilden sollte. Der viel bescheidenere Maßstab der meisten bundesrepublikanischen Siedlungen der Fünfziger- und frühen Sechzigerjahre lässt allerdings auch diese Dominanten gegen das »Begleitprogramm« der DDR-Wohnscheiben zierlich aussehen: Man blicke nur auf die Ansichtskarte der Wohnhochhausscheibe in der Georg-Ramin-Siedlung der Gewobag in Berlin-Spandau **(143)**, 1955–57 gebaut. Mit ihren Bullaugenfenstern und dem weit auskragenden Flachdach stellt diese ein eher dekoratives Element in der mit 1.300 Wohnungen durchaus nennenswerten Stadterweiterung in unmittelbarer Nähe der Spandauer Altstadt dar, die, geplant von den Architekten Hans Wolff-Grohmann und Felix Hedinger, als Beitrag zur Interbau im Hansaviertel verstanden werden wollte.[9]

Zu jener Zeit waren allerdings auch in der DDR Hochhäuser, sei es in Scheibenform, sei es als Punkttyp, als Dominante gebräuchlich: Das Hochhaus an der Weberwiese im Hinterland der Stalinallee, 1951 geplant von Hermann Henselmann, stand am Beginn einer neuen Epoche des Aufbaus, der sich von den Idealen der Moderne zumindest architektonisch abwendete, um mit Anklängen an die »Nationale Tradition« den auf städtebaulicher Ebene durchaus gewagten Bruch mit der historischen Stadt zu vermitteln **(144)**. Spätere Beispiele finden sich im Weichbild von Großstädten wie in Neubaugebieten. In der Stralsunder Siedlung Knieper-Nord **(145)** und in Brandenburg-Nord **(146)** etwa entstanden Anfang der Sechzigerjahre zwölfgeschossige Hochhausscheiben als Solitäre, die die eher anonyme Wohnbebauung zu ihren Füßen überragen und Orientierung bieten. An der Leninallee (heute Merseburger Straße) in Süden von Halle dagegen wurde 1962–64 ein urban wirkendes Ensemble aus drei elfgeschossigen Punktwohnhochhäusern mit zwei dazwischen angeordneten Flachbauten mit Handels- und Dienstleistungsangeboten als Höhepunkt einer Platzgestaltung realisiert **(147)**. Alle diese Gebäude waren noch keine Typenbauten, sondern individuell entworfene Sonderbauten – auch wenn, wie bei den drei Hochhäusern in Halle, Bauelemente der Serie P1 Verwendung fanden. Architekt dieses Ensembles war Oswald Arlt, Bauherr die AWG Buna; der bekannte Berliner Metallbildhauer Fritz Kühn schuf den der Baugruppe im Süden vorgelagerten monumentalen Röhrenbrunnen.

Wie nahe das Bauen in Ost und West damals noch beieinanderlag, zeigt sich, wenn man die zeitgenössischen Ansichtskarten dieser Bauten mit Beispielen aus

9 https://www.gewobag.de/ueber-uns/ueber-die-gewobag/chronik/, abgerufen am 25.12.2020.

bundesrepublikanischen Klein- und Mittelstädten vergleicht: aus Ahrensburg in Schleswig-Holstein etwa (148) oder Goslar (149) und Helmstedt (150) in Niedersachsen. Um kleinere Hochhäuser als Dominanten inszenieren zu können, war eine Position des Fotografen zumindest auf Passantenhöhe oder, falls möglich, besser noch in leichter Untersicht nötig. Auch Distanz konnte helfen, sofern die umgebende Bebauung entsprechend kleinmaßstäblich war – Größe ist ein relativer Wert. Die 1961 errichtete neungeschossige Scheibe, die den Marktplatz der ab 1950 gebauten Vertriebenensiedlung Goslar-Jürgenohl im Westen begrenzt, macht sich den leeren (Park-)Platz mit seiner ungewöhnlichen, bis heute erhaltenen Streifenoptik zum Vorplatz – auf dem sonntägliche Ruhe lag zu dem Zeitpunkt, als er für eine Ansichtskarte der Siedlung fotografiert wurde. Das achtgeschossige Hochhaus am Bahnhof im schleswig-holsteinischen Ahrensburg hingegen wirkt trotz seiner im Grunde mäßigen Höhe gestreckt – der eingeschossige, bis an die Straßenkreuzung vorgreifende Geschäftssockel und die hinter dem Hochhaus anschließende dreigeschossige Bebauung steigern die Wirkung seines Volumens enorm. Das zehngeschossige Wohnhochhaus in Helmstedt wiederum wird frontal, als Fluchtpunkt einer nur dreigeschossig bebauten Wohnstraße inszeniert und auf diese Weise bildmächtig. Wie bei den Beispielen aus Goslar und Ahrensburg ist in diesem Gebäude im Erdgeschoss eine Ladennutzung untergebracht, was das Hochhaus als Dominante der Siedlung für alle Bewohner zumindest in gewissem Umfang alltagsbedeutsam macht – die Trennung der Funktionen, wie sie in den Gebäuden im Ostteil des Landes schon vorgenommen wurde, hat sich um 1960 in der Bundesrepublik bei der Planung eines Wohnhochhauses noch nicht durchgesetzt, zumindest nicht, wenn dieser Hochpunkt das Zentrum einer Siedlung markiert.

Anders sah es aus, wenn die Punkthochhäuser in Gruppen auftraten, ähnlich dem Ensemble in Halle: Ob nun in der Parkstadt Bogenhausen in München (152) oder in Rüsselsheim-Hassloch (155) – die auf T- oder Y-förmigem Grundriss geplanten Wohnhochhäuser dieser neuen Siedlungen sind reine Wohnbauten, und wenn diese nicht als solche, sondern als Bildbestandteil und damit Hintergrund des Alltags in der Siedlung präsentiert werden, stehen sie nicht selten zusammen mit den Flachbauten des nächstgelegenen Versorgungszentrums. Eine um 1960 gedruckte Schwarz-Weiß-Aufnahme der drei Punkthochhäuser im neuen Ulmer Stadteil Eselsberg (153), die die Türme nicht in ihrem heute erlebbaren Siedlungszusammenhang, sondern aus einer Obstbaumwiese aufragend zeigt, bringt die Isolierung der Einzelbestandteile städtischen Lebens, wie sie mit dem damaligen Siedlungsbau betrieben wurde, treffend zur Geltung: Ein wenig erinnert sie an die Darstellung des Zeilenbaus im mecklenburgischen Lübtheen (110): Statt des Wohnens inmitten einer gepflegten, durch und durch gestalteten Parklandschaft steht hier der Aufbruch im Mittelpunkt der Bildaussage, der Kontrast von neuer Stadt und alter Kulturlandschaft. Wäre die Aufnahme ein Film-Still, man wunderte sich nicht, wenn im nächsten Standbild Bagger damit beschäftigt sind, die Obstbäume zu Füßen der Hochhäuser aus dem Erdreich zu reißen und Gruben für neue Zeilenbauten, eine Bungalowsiedlung, ein Hallenbad oder ein Schulzentrum auszuheben – wie etwa auf dem Bild der Wohnhochhäuser in Pinneberg, wo die alte Landwirtschaft schon weggebuddelt worden ist, die Hochhäuser gen Himmel streben, die neue Gestaltung aber auf sich warten lässt – die »Unwirtlichkeit der Städte« der Sechzigerjahre speist sich gewiss auch aus der Erfahrung solcher Übergangssituationen, in denen der Bezug von Stadtplanung, Hochbau und Landschaftsarchitektur noch nicht aufgebaut ist **(154)**. Wie viel glamouröser wirkt dagegen die Darstellung der Hochhausgruppe in der Siemensstadt Erlangen, in der die neuen Gebäude nicht auf einem wüsten Feld aufragen, sondern eingebunden sind in bestehenden Bewuchs: Das Vorbild der skandinavischen Waldsiedlungen springt dem Betrachter der Mitte der Sechzigerjahre gedruckten Postkarte geradezu entgegen **(156)**. Doch zugegebenermaßen sah es so selten aus in der Bundesrepublik. Das übliche Szenario einer fertigen Hochhaussiedlung war eher dieses: viel Platz, für Autos zumal, viel Grün, sauber geschnitten und keinesfalls zu betreten, dazu wenig Leben im öffentlichen Raum. Wer hier aufwuchs, dürfte eine Kindheit verbracht haben, in der die Tagesform des Hausmeisters über Freude oder Verdruss entscheidend mitbestimmen konnte: Die BRD der Sechzigerjahre wirkt selbst auf Postkarten jener Zeit wie ein Land für Blockwarte, die nicht nur mit ihren Fuselausdünstungen die Luft zum Atmen nahmen.

Doch zurück zur Architektur: Blickt man auf die Gebäude selbst, so wird der Betrachter auch hier einen auffälligen Verfall der Gestaltqualität bemerken. Hochhäuser wie die in der Parkstadt Bogenhausen, in der vom Aufschwung der Massenmotorisierung euphorisierten Opel-Stadt Rüsselsheim oder in der Siemensstadt Erlangen sind auf den ersten Blick als Objekte identifizierbar, deren Architekten und Bauherren sich einer der Größe und Besonderheit der Bauform entsprechenden Sorgfalt der Planung nicht entzogen haben. Mit der zunehmenden Verbreitung des Bautyps auch in weniger prosperierende Zonen allerdings wurde das Wohnhochhaus zunehmend alltäglicher, seine Erscheinung immer belangloser. Pinneberg, Berlin-Britz **(157)** oder Saarbrücken **(158)** liefern Beispiele dafür, wie sie um 1970 an vielen bundesrepublikanischen Stadträndern gebaut wurden: große Behälter für Menschen, die sich vermutlich eher nicht bewusst für ein Leben dort entschieden haben, sondern sich den Bungalow oder wenigstens das Reihenhaus der Mittelschicht nicht leisten konnten. Die Nachkriegsmoderne war zweifellos an einem Punkt angelangt, der nach neuen Ideen verlangte.

Und im Osten? Die Typisierung der Architektur, wie sie in den Sechzigerjahren mit dem P2 in großem Umfang begann und mit der Wohnungsbauserie 70 fortgesetzt wurde, ließ für individuell gestaltete Gebäude, wie sie noch um 1960 vielerorts anzutreffen waren, immer weniger Raum; zudem prägten handwerkliche Elemente immer weniger die Anmutung der neu entstehenden Siedlungen. Das betraf auch so besondere Gebäude wie die Punkthochhäuser. Die 1965 fertiggestellten Vertreter dieses Bautyps in dem ab den Fünfzigerjahren für die Arbeiter der Wismut errichteten Wohngebiet Gera-Bieblach (160) vermögen zwar das Siedlungsbild zu beleben, architektonisch aber entsprechen die ungegliederten Seitenflächen in keiner Weise der herausgehobenen Bauform. Hier konnte selbst der Einsatz von Farbe die Dürftigkeit der Form nicht übertünchen. Es ist nur ein Beispiel, wenn auch eines für eine Siedlung, die durchaus mit Ambition geplant und realisiert wurde, doch es zeigt, dass im sozialistischen Deutschland die Architektur der Nachkriegsmoderne im Lauf der Sechzigerjahre ebenfalls zunehmend auserzählt schien.

Gruß aus Bautzen 132
Friedensbrücke, Lauenturm,
Haus der Mode; Postrow z Budysin,
Most mera z. Staryn mestrom
[100%]

Bautzen 133
Wohnhochhaus am Platz der Roten Armee; Budysin, Bydlenski wysokodom pri Namesce Cerwjeneje armeje
[100%]

Berlin
Hauptstadt der DDR, Blick zum Alexanderplatz
[100%]

134

Berlin
Hauptstadt der DDR, Karl-Marx-Allee 1964 (früher Frankfurter Allee)
[80%]

135

Schwedt/Oder
[80%]

136

Berlin
Hauptstadt der DDR,
Storkower Straße
[100%]

137

München 138
Parkstadt Bogenhausen
[100%]

Bezirksmesse Frankfurt/Oder 139
Experimentalbau
[80%]

Hamburg 140
Grindelhochhäuser
[80%]

Berlin-Jungfernheide
Heilmannring
[80%]

141

Berlin-Jungfernheide
Heilmannring
[100%]

142

Berlin-Spandau-West 143
[100%]

Baut mit! Nationales Aufbauprogramm Berlin 1952. Wir rufen die ganze Nation zum Aufbau Berlins, weil wir an die Kraft des deutschen Volkes glauben, die Einheit Deutschlands zu erkämpfen. [80%]

144

Stralsund
Neubauten – Knieper Nord
[100%]

145

Brandenburg (Havel)
Hochhaus in der Brielower Straße
[100%]

146

Halle (Saale)
Röhrenbrunnen und Hochhäuser in der Leninallee
[100%]

147

207 Ahrensburg/ Holstein
Hochhaus am Bundesbahnhof
[80%]

148

Goslar/Harz, Ortsteil Jürgenohl
Danziger Straße mit Hochhaus
[100%]

149

Helmstedt
Hochhaus an der
Masch
[100%]

150

Ingolstadt/Donau
Hochhäuser am
Brückenkopf
[80%]

151

München
Parkstadt
Bogenhausen
[80%]

152

Ulm/Donau
Hochhäuser
Eselsberg
[100%]

153

Pinneberg i. Holst. 154
Hochhäuser
[80%]

609 Rüsselsheim a. Main 155
Y-Hochhäuser in Hassloch/Nord
[80%]

852 Erlangen **156**
Hochhäuser an der Friedr.-Bauer-Straße
[100%]

Berlin-Britz
[100%]

157

Saarbrücken/
Saar, Eschberg
Eschberg
[80%]

158

8192 Geretsried (Obb.) **159**
Florian-Hochhaus
[100%]

Gera-Bieblach
Juri-A.-Gagarin-Straße
[100%]

160

Wolfen-Nord
Straße der Republik
mit Kinderkrippe
[100%]

161

Das Versorgungszentrum

Auch das Wohngebiet Hans-Loch-Viertel im Berliner Stadtteil Lichtenberg wird von Punkthochhäusern dominiert, doch waren es ursprünglich nicht diese Bauten, die das Viertel architektonisch heraushoben aus dem Gewohnten, sondern das eingeschossige Stadtteilzentrum zu ihren Füßen, geplant vom Architekten Hermann Klauschke (**162**). »Seine Besonderheit lag in der kompakten Anlage – hier konnte man alle öffentlichen Funktionen des Gebiets in einem einheitlich errichteten Komplex an einer inneren Fußgänger-›Straße‹ finden, die dem Zentrum den Namen gab ... Was an ihm besonders fasziniert, ist die Einbeziehung der Schule: Alle speziellen Unterrichtsräume fasste ein Flachbau mit einem intimen Gartenhof zusammen, den ein Baldachin mit dem gegenüber liegenden Speisesaal und der Bibliothek mit ihrer Kinder-Abteilung verband. Eine so großzügige und geschlossene Lösung wurde nie wieder erreicht ... Als die ›Passage‹ um die Jahreswende 2002/2003 abgerissen wurde, verschwand eines der innovativsten Gebäudeensembles der sechziger Jahre.«[1] Unmittelbar danach wurde das Ensemble bereits gewürdigt in einem Band, der für diese bis dahin weitgehend ignorierte architektonische Hinterlassenschaft der DDR mit der Bezeichnung »Ostmoderne« einen Terminus prägte, der bis heute nicht durch ein griffigeres Wort ersetzt werden konnte.

Der Alltag sah freilich meist anders aus, zum Beispiel so wie auf einer 1981 gedruckten Ansichtskarte, die die Kaufhalle Am Hochhaus im Wohngebiet Zeitz-Ost für die Nachwelt festgehalten hat (**164**). Das Punkthochhaus im Hintergrund entspricht dem am Ende des vorangegangenen Abschnitts gezeigten Standard, der Kontrast zum Flachbau im Vordergrund wiederum ist eine typische Komposition der Nachkriegsmoderne, zu finden in Ost wie West. In der seinerzeit rund 45.000 Einwohner zählenden Kreisstadt Zeitz hielt sich der gestalterische Ehrgeiz in Grenzen, die Kaufhalle ist eine Stahlkonstruktion ohne formale Raffinesse, wie sie ab Mitte der Siebzigerjahre vielerorts in der DDR gebaut wurde. Bemerkenswert ist allerdings die Ansichtskarte davon: Gibt sie doch mit der Warteschlange vor der Einkaufseinrichtung einen Hinweis auf die mitunter knappe Versorgungslage, der auf einem solchen Bildmedium überrascht.

Nicht von Anbeginn aber war die Kaufhalle eines Wohngebiets ein solch bescheiden gestalteter Ort; gerade in den Fünfziger- und frühen Sechzigerjahren wurde ein derartiges Gebäude individuell entworfen und durchaus sorgfältig detailliert. Es war damals ein neuer Bautyp, begünstigt, wenn nicht überhaupt erst erforderlich aufgrund der mit der Typisierung verbundenen Isolierung der unterschiedlichen Funktionen. Was früher ein mitunter komplex geschichtetes Neben-, Über- und Hintereinander der unterschiedlichen Nutzungen war, wurde nun auf einzelne Baukörper verteilt, die jeweils auf diesen einen Zweck hin optimiert geplant oder, wie es in der DDR hieß, projektiert wurden: Wohnhaus, Kaufhalle, Kindergarten, Schule und anderes mehr konnten so je nach Lage und Größe einer Siedlung kombiniert werden. »Wir brauchen einen Typ, der als

1 Andreas Butter/Ulrich Hartung (Hgg.): Ostmoderne. Architektur in Berlin 1945–1965, Berlin 2004.

ganzer Baukörper so durchdacht ist, dass er allen Situationen gerecht wird, das Optimum an funktioneller Zweckmäßigkeit erreicht und unseren materiellen Möglichkeiten entspricht«, forderte die Deutsche Bauakademie im Sommer 1959 mit Blick auf die Bauaufgabe Kaufhalle in der Zeitschrift *Deutsche Architektur*.[2] Autor des Beitrags war der Architekt Werner Prendel (1922–1983), 1955–59 Abteilungsleiter am Institut für Gesellschaftliche Bauten – ein Hinweis darauf, welche Bedeutung dieser Bauaufgabe von offizieller Seite beigemessen wurde.[3] Prendel wandte sich damit gegen einen in Heft 3/1958 der Zeitschrift erschienenen Artikel, der eine größere Bandbreite von Lösungsmöglichkeiten für die Bauaufgabe enthielt und eher wiedergab, was in den ersten Jahren der DDR auf diesem Gebiet entstanden war. Architektonisch war das durchaus respektabel, wie sich noch heute anhand der damals produzierten Postkarten von Versorgungseinrichtungen befinden lässt.
Die Kaufhalle Knieper im neuen Stralsunder Wohngebiet Knieper-Nord **(165)** etwa war ein anderthalbgeschossiger Flachbau, dessen filigran auskragende Dächer die für die Architektur der Fünfzigerjahre typische Leichtigkeit und eine mit der horizontalen Gliederung der nördlich davon angeordneten Satteldachzeilen korrespondierende Linienführung zeigten. Zum siebengeschossigen Laubenganghaus im Osten wiederum bildete die Kaufhalle mit angeschlossener Gaststätte den erwähnten volumetrischen Kontrast. Ihre Fassaden waren weitgehend in Glas ausgeführt, was eine gut vorstellbare Lichtfülle in die Randzeiten des Alltags der Bewohner brachte und zur volksmundlichen Bezeichnung »Glaskasten« führte. Vor Ort lässt sich diese Gesamtwirkung heute leider ebenso wenig studieren wie die Details des Gebäudes: An der Ecke Kedingshäger Straße/Rudolf-Virchow-Straße dehnt sich seit dem Abriss der Kaufhalle im Jahr 2016 eine Brachfläche; geplant ist hier der Neubau von Wohnungen.[4]
Ähnlich verletzlich wirkt die *Einkaufsquelle* am Hamburger Platz in Berlin-Weißensee **(166)**, doch war dieser Kaufhallen-Architektur aus der Zeit um 1960 ein glücklicheres Schicksal beschieden: Das Gebäude wird seit 2011 als Ausstellungshalle von der nahen Kunsthochschule Weißensee genutzt; schon ab 1999 hatte es der Institution als Bildhauer-Atelier gedient. Auf einer 1963 gedruckten Ansichtskarte herrscht zur Mittagszeit ähnlich reger Zulauf wie auf der nachmittäglichen Ansicht der Kaufhalle in Knieper-Nord – eine solche Einkaufseinrichtung ist immer auch ein Treffpunkt in einer an Treffpunkten nicht immer reichen Siedlung. Die 1970 gedruckte Postkarte der Neubauten in Teltow **(167)** gibt dafür ein Beispiel: Trichterförmig weitet sich der Straßenraum vor der Kaufhalle zu einem kleinen Platz, auf dem sich die Autos, Fahr- und Motorräder der Anwohner abstellen lassen, aber natürlich auch Begegnungen und Gespräche stattfinden. Die Postkarte der Kaufhalle am Schwedter Marchlewskiring – Druckjahr 1973 – zeigt darüber hinaus Gestaltungselemente, die dem Kunden auf einem solchen Platz begegnen konnten **(168)**: Gemauerte Pflanzbecken, Blumenkübel, Kunstobjekte und ein Springbrunnen, eine Bekanntmachungssäule oder -vitrine, unter allem ein sorgfältig geplanter Plattenbelag, dazu Sitzgelegenheiten schufen

2 Werner Prendel: Einkaufszentrum für den täglichen Bedarf im sozialistischen Wohnkomplex, in: Deutsche Architektur, Heft 7/1959, S. 376.

3 Vom Baukünstler zum Komplexprojektanten. Architekten in der DDR. Dokumentenreihe des IRS No. 3, Erkner 2000.

4 https://www.ostsee-zeitung.de/Vorpommern/Stralsund/Alte-Kaufhalle-wird-abgerissen vom 07.03.2016, abgerufen am 23.04.2021.

im weiten Siedlungsraum einen Ort mit Aufenthaltsqualität. Am Hamburger Platz in Weißensee freilich ist die kleine Siedlung mit ihrer Kaufhalle eingebettet in einen Stadtteil mit überwiegend gründerzeitlicher Bebauung, die erwähnte Kunsthochschule zieht zudem Besucher und Passanten von weither an. Bemerkenswert ist dennoch die weitere Ausstattung, die auf der historischen Aufnahme der *Einkaufsquelle* zu sehen ist: Eine Telefonzelle, vor allem aber eine Reihe von Verkaufsautomaten runden das Angebot der Einkaufsquelle nach außen ab und bieten selbst Menschen in Eile Anlässe für einen Schlenker.

Die HO-Kaufhalle in der Jenaer/Ecke Bertolt-Brecht-Straße im thüringischen Apolda **(169)** ist ebenfalls bis heute erhalten, auch wenn sie, wie das Beispiel in Weißensee, heute anderen Zwecken dient: Hinter der großen Fensterfront hat sich inzwischen eine Glas- und Gebäudereinigung niedergelassen. Auf einer 1967 produzierten Ansichtskarte parken vor dem Gebäude ein Moskwitsch und ein Framo-Kleintransporter: Symbole für Anlieferung und Abtransport, die quasi gleichzeitig, also im steten Fluss erfolgen und dem Betrachter die Überwindung früherer Versorgungsengpässe nahelegen. So, wie die Kaufhalle fotografiert wurde, links im Anschnitt, ist ihre tatsächliche Dimension für den Empfänger der Karte nicht eindeutig: Das Warenangebot könnte weit über die im Bild stehenden Lebensmittel hinausgehen, die Kaufhalle Teil einer ganzen Ladenzeile sein – wie sie etwa im Kosmonautenviertel in Aschersleben realisiert wurde. Auch diese enthielt eine *Einkaufsquelle* der HO, untergebracht im erhöhten Bauteil am Südende der Zeile; im flacheren Mitteltrakt wurden Textilien angeboten **(173)**.

Eine Ladenzeile wie diese stellt schon die Vorstufe zum Bautypus Einkaufszentrum dar, wie er in der Bundesrepublik ab den Sechzigerjahren auftauchte und mitsamt der zugehörigen Parkplätze schnell immer größere Dimensionen annehmen sollte – siehe dazu auch Band 1 dieser Recherche.[5] Zuvor aber gab es im Westen Deutschlands ebenfalls Bauten, die als Verwandte der Ladenzeile in Aschersleben gelten können, auch wenn sie meist aus den Fünfzigerjahren stammen. Ein frühes Beispiel findet sich in der bereits angesprochenen Lübecker Vertriebenensiedlung Kücknitz-Roter Hahn. Die Ladenzeile am südlichen Siedlungseingang ist ein einfacher, lang gestreckter Baukörper mit einem durchgehenden Satteldach, eingeteilt in mehrere Ladenlokale **(170)**. Zusammen mit dem Hochhaus bildet sie die zeittypische Vertikal-Horizontal-Komposition; für die östlich anschließenden Satteldachzeilen stellt sie den Abschluss des Abstandsgrüns her. Eine Schwarz-Weiß-Ansichtskarte, von der gegenüberliegenden Bebauung aus aufgenommen, zeigt die Ladenzeile im Zusammenspiel mit den viergeschossigen Wohnhäusern: ein fast schon archetypisches Siedlungsbild der Fünfzigerjahre, das sich fast jeder gestalterischen Besonderheit enthält und kaum lokalisierbar scheint: Norddeutschland? Westdeutschland? Ostdeutschland? Süddeutschland? Wer weiß, vielleicht hat diese Neutralität den ihrer Heimat Beraubten die Eingewöhnung sogar leichter gemacht, auch wenn der Planung des Lübecker Stadtplanungsamts eine zugrunde liegende »programmatische

5 Ulrich Brinkmann: Achtung vor dem Blumenkübel! Die Fußgängerzone als Element des Städtebaus, Berlin 2020.

Enthaltsamkeit« zu unterstellen wohl zu weit ginge. Dennoch: Ähnlich hätte wohl auch der Siedlungsbau in Pommern, Westpreußen oder Schlesien Anfang der Fünfzigerjahre ausgesehen, wenn diese Länder noch Teil von Deutschland gewesen wären. Andererseits – so elementar-nüchtern die Siedlung auf dieser Schwarz-Weiß-Ansicht wirkt, entfaltet sie doch auf ihre Art eine gewisse Kraft und Erinnerbarkeit. Die lang gestreckten, von keinem Aufbau, keinem Kamin, keinem Dachfenster unterbrochenen Flächen des Satteldachs der Ladenzeile sind ein Architekturelement, das den Eingang in die Siedlung durchaus kraftvoll ordnet und prägt. Davon kann man sich noch heute ein Bild machen, da die Anlage recht gut erhalten, ohne verunstaltende Sanierungen, fragmentierende Abrisse und kompromittierende Ersatzbauten aus späterer Zeit durch die Jahrzehnte gekommen ist. Und angesichts des heutigen Wohnungsbaus mit seinen formalen Verrenkungen kann sich das Auge des Betrachters an der ruhigen Selbstverständlichkeit der Zeilenbauten durchaus wieder erbauen.

Andernorts war der Aufwand nicht unbedingt viel größer, die formale Ambition aber deutlicher: in der schon angesprochenen Siedlung Eselsberg im Norden von Ulm **(171)**, in der von Hans Bernhard Reichow entworfenen Sennestadt bei Bielefeld **(172)** oder in der MSA-Siedlung in Dortmund-Scharnhorst **(174)**. Das Kürzel bezeichnet die US-amerikanische Mutual Security Agency. Die 1951 aus der ECA (Economic Cooperation Administration, Amt zur Verwaltung der Hilfsgelder des Marshallplans) hervorgegangene und zwei Jahre später in die Foreign Operations Administration aufgelöste Verwaltung war auch für den Bau von Siedlungen verantwortlich; neben der Dortmunder Siedlung wurden durch sie acht weitere in der Bundesrepublik realisiert. An der Scharnhorster Gleiwitzstraße findet sich eine für die Architektur der Fünfzigerjahre typische Ladenzeile, die ähnliche Elemente zeigt wie die bereits angesprochenen Kaufhallen in Stralsund und Berlin: große Glasflächen, hauchdünne Stahlstützen, die ein auskragendes, ebenfalls hauchdünnes Flachdach tragen, tief eingeschnittene Eingänge und einzelne Durchgänge, die den Baukörper darunter gliedern, sowie Schauvitrinen, die die Auslagen beleben. Die drei Mädchen davor in ihren weißen Kleidern erinnern den heutigen Betrachter zudem an die drei Figuren mit Einkaufstaschen, die ab den Siebzigerjahren die HO-Kaufhallen im sozialistischen Teil des Landes zierten: zu sehen etwa auf einer Ansichtskarte der Kaufhalle am Thälmannring im Neubaugebiet Greifswald-Schönwalde, Druckjahr 1977 **(175)**. Auch das Angebot ähnelte sich: Hansa-Bier, Eis und Konsum-Verkaufsstelle der Einrichtung in Scharnhorst sind nicht unbedingt ureigene Symbole des bundesrepublikanischen Wirtschaftswunders, eher schon der Ford 15m, der als alleiniger Vertreter der beginnenden Massenmotorisierung vor der Ladenzeile parkt; aber so viel mehr als der Moskwitsch in Apolda macht der auch nicht her. Andererseits: Der Besitzer eines 190 SL dürfte sich damals nur selten in den proletarischen Dortmunder Norden verirrt haben – was die Frage aufwirft, wie sehr sich der Lebensstandard und die Konsumgewohnheiten von Arbeiterfamilien in Ost und West Ende der Fünfzigerjahre überhaupt voneinander unterschieden.

Berlin-Lichtenberg
Hans-Loch-Viertel
[100%]

162

Berlin-Lichtenberg
Hans-Loch-Viertel
[100%]

163

Zeitz-Ost
Kaufhalle am
Hochhaus
[100%]

164

Stralsund
Neubauviertel
Knieper – Neue
Verkaufshalle
[100%]

165

Berlin-Weißensee
Hamburger Platz
[80%]

166

Teltow
Neubauten
[100%]

167

Schwedt (Oder) 168
Kaufhalle Marchlewskiring
[100%]

Apolda 169
Neubauten Jenaer Straße
[120%]

Lübeck-Kücknitz
Roter Hahn,
Westpreußenring
[100%]

170

Ulm/Donau
Eselsberg
[100%]

171

Sennestadt
Ostallee
[100%]

172

Aschersleben
Kosmonautenviertel – Ladenstraße
[100%]

173

Dortmund-Scharnhorst
Ladenstraße
M.S.A.-Siedlung
[100%]

174

Greifswald
HO-Kaufhalle am
Ernst-Thälmann-
Ring in Schönwalde
[100%]

175

Schule und Kindergarten

Wird ein Wohngebiet gebaut, dann dürfen Betreuungs- und Bildungsangebote nicht fehlen: Kindergarten und Schule sind in beiden deutschen Staaten der Fünfziger- und Sechzigerjahre integrale Bestandteile einer Siedlung. Abgesehen von ihrer Architektur, die Rückschlüsse auf die zugrunde liegenden pädagogischen Leitbilder zulässt und darauf, mit welchem Selbstverständnis der Staat seinen jüngsten Bürgern in diesen Institutionen gegenübertritt, ist in diesem Zusammenhang auch ihre Darstellung im Medium der Ansichtspostkarte von Interesse: Wird das Gebäude als isoliertes Monument gezeigt oder in seinem städtebaulichen Zusammenhang? Wird es aus der Draufsicht dargestellt oder aus der Perspektive der Kinder? Und wird die Aufnahme von ihnen bevölkert, oder steht der Bau als reine, sich selbst genügende Architektur im Bild, als überzeitliche Einrichtung, die sich nicht mit einer bestimmten Generation, ihren Frisuren, ihrer Kleidung, ihrem Habitus, verbindet? Angesichts der unterschiedlichen Gesellschaftsordnungen von Bundesrepublik und DDR erscheinen gerade diese Bauten als Präsenz des Staates in den neuen Stadtgebieten als aufschlussreiche Dokumente ihrer Zeit. Aber selbstverständlich fungierten sie auch als »Ordnungseinheiten« der Siedlungen, als städtebauliche Gliederungshilfen, indem sie die notwendige Bewohnerzahl einer Siedlung mitdefinieren und ihr einen räumlichen Schwerpunkt zu geben vermochten. Für die Planer, die bis zum Ende des Nationalsozialismus auf die Partei-»Ortsgruppe als Siedlungszelle« rekurrierten, war die Schule ein Ersatz.[1]

Eine 1971 produzierte Ansichtskarte aus dem bereits erwähnten Kosmonautenviertel in Aschersleben **(176)** zeigt den noch heute existierenden Kindergarten *Bummi* vor dem Stadtambulatorium Nord und den dahinter erkennbaren Satteldachzeilen. Als Architektur sind die ein- und zweigeschossigen Gebäude der Institution kaum präsent, sie verschwinden eher im Grün des weiten Siedlungsraums. Vor allem im Vergleich mit der Fahrbahn der Erschließungsstraße, die das untere Drittel der Aufnahme nahezu komplett einnimmt, wirkt der Kindergarten als geradezu diskreter Erfahrungsraum, von dem insbesondere die textilen Fallarmmarkisen in Erinnerung bleiben: ein Schutz vor unerwünschten Einflüssen der Umwelt und als solcher durchaus bedeutungsvoll. In der Komposition der Aufnahme aber geht die Architektur dennoch eine Verbindung mit der dominanten Straße ein, nicht zuletzt, weil auf dieser gerade kein Auto, kein Motorrad, kein Fahrrad unterwegs ist, sondern zwei Heranwachsende sich von der Kamera des Fotografen entfernen: Der ins Grün eingebettete Bildungsweg der Kinder führt in die Ferne, ins Leben.

Baulich ähnlich zeigt sich der Kindergarten an der Straße der Republik in Wolfen-Nord **(177)**: ein zweigeschossiger Trakt mit Pultdach, vermutlich für die Gruppenräume, wie das Pendant in Aschersleben nach Süden orientiert, rechtwinklig anschließend ein eingeschossiger Trakt, in dem sich die Nebenräume befunden haben dürften. Während in der Aufnahme aus Aschersleben die Nähe

1 David Kuchenbuch: Geordnete Gemeinschaft. Architekten als Sozialingenieure – Deutschland und Schweden im 20. Jahrhundert, Bielefeld 2010.

von Kindergarten und Poliklinik etwas seltsam anmutet, ist die Nachbarschaft in Wolfen-Nord sinnfälliger: Jenseits der Straße der Republik liegt die Oberschule Wilhelm Pieck, ein Atriumbau vom Typ Halle, wie er ab den Sechzigerjahren in zahlreichen Beispielen realisiert wurde – ein nahtloser Anschluss in der Biografie der jungen Menschen. Wie beim Ascherslebener Beispiel ist auch in dieser, 1968 produzierten Postkarte der Siedlungszusammenhang präsent, erscheinen die Institutionen eingebettet in den Erfahrungsraum der Kinder. Die Bruchstelle der Jahre 1989/90 im Leben der hier Aufgewachsenen hat im längst vollzogenen Abriss der dargestellten Bildungsbauten eine unmittelbare Entsprechung gefunden.

Diese beiden Beispiele sind durchaus typisch dafür, wie Kindergärten und Schulen im Kontext der neuen Wohngebiete auf Ansichtskarten abgebildet wurden: Es seien noch Aufnahmen aus dem Neubaugebiet An den Beeten in Bad Salzungen (1972) sowie aus der Großsiedlung Rostock-Lütten Klein (1970) angeführt. Die Karte aus dem thüringischen Bad Salzungen **(179)** zeigt wie das Beispiel aus Wolfen Kinderkombination und Schule (hier ein Atriumbau vom Typ Dresden) vor Wohngebäuden, und mit dem Trabant im Vordergrund ist wie in Aschersleben ein »Aufbruch-Element« enthalten. Hingegen deutet die Karte aus der Ostseestadt **(178)** das eigentliche Kindergartengebäude am rechten Bildrand nur noch an und fokussiert ganz auf die Erlebnisqualität des Freiraums dieser gesellschaftlichen Einrichtung.

Ein wenig aus der Reihe fällt ein Beispiel aus Schwedt **(180)**. Die auf der 1968 gedruckten Postkarte dargestellte »Kinderkombination« westlich des elfgeschossigen Arbeiterwohnheims an der Leninallee wird mit einer Gruppe von Kindern und ihren Erzieherinnen im Vordergrund gezeigt, deren Lebensfreude aus heutiger Sicht propagandistisch anmutet, damals aber in einer im Aufbau begriffenen Stadt wie Schwedt durchaus eine Facette des Lebensgefühls abgebildet haben dürfte.

Wie die Kindergärten wurden auch Schulen in der DDR auf Postkarten häufig im Siedlungskontext wiedergegeben: Jene der 6. Polytechnischen Oberschule (POS) in der Neubrandenburger Südstadt (1976) soll als Beispiel genügen **(184)**. Auffallend häufiger als bei den Kindergärten sind bei dieser Bauaufgabe Aufnahmen, die das Gebäude isoliert von seiner Umgebung zeigen, man könnte sagen: als Architektur – wenn die verbreitete Typenbauweise diese im Motiv angelegte Individualisierung des Gebäudes nicht konterkarierte. Doch haben Postkarten von Schulen eine lange Tradition; das Gymnasium etwa, an dem ein Mensch seine humanistische Bildung erlangte, war schon in den Anfangstagen des Mediums ein beliebter Gegenstand der Darstellung. Entsprechend wurden die ersten Schulneubauten nach dem Krieg sogleich als Postkartenmotiv verlegt, und das blieb so bis zum Ende der DDR, das zeitlich zusammenfällt mit dem Ende der Ansichtspostkarte als Wiedergabe des städtischen Alltags – was danach an Postkarten verlegt wurde, zeigt quasi nur noch für den Touristen Interessantes oder Skurriles, was oft das Gleiche ist. Anhand von Postkarten ist die Entwicklung des Schulbaus in der DDR jedenfalls gut nachzuvollziehen: von den ersten, traditionell gemauerten und gestalterisch konservativen Bauten, wie sie im vorpommerschen Züssow **(181)** oder im sächsischen Großröhrsdorf **(182)** entstanden, bis hin in die Verästelungen des DDR-Typenbaus mit seinen von Bezirk zu Bezirk variierenden Gebäuden, die hier mit Beispielen aus Herrnhut **(183)**, Stralsund **(185)** und Rochlitz **(186)** nur angedeutet seien. Die fotografische Inszenierung wechselt ebenso: Von reinen Gebäudeansichten über solche mit Kindern und Erwachsenen im Bild, und auch die Schule als Treiber von räumlicher wie sozialer Mobilität ist hier und da wieder ein Thema, etwa wenn die POS in Herrnhut zusammen mit einem Bus fotografiert wird – mutmaßlich ein Schulbus, der die Kinder aus den umliegenden Dörfern zum Unterricht bringt und so aus ihren elterlichen Verhältnissen befördert. So wenig einheitlich die Schulen von den Fotografen ins Bild gesetzt wurden, so dominiert doch immerhin eine Darstellung, die der Wahrnehmung des jeweiligen Gebäudes durch Kinder und Lehrer nahekommt.

Überraschenderweise sind Postkarten von Kindergärten und Schulneubauten in der deutlich größeren Bundesrepublik viel seltener. Das erstaunt umso mehr, als dort Typenbauten so gut wie keine Rolle spielten, sondern beide Bauaufgaben jeweils individuell geplant wurden. Große Architektur mag dabei in der Regel nicht entstanden sein, dennoch hätte es nahegelegen, von solch singulären Gebäuden Postkarten zu drucken – »Lieber Oliver, guck mal, dies ist meine Schule. Herzliche Grüße, Deine Gabi«. Ob das damit etwas zu tun hat, dass die gesellschaftliche Verfasstheit des sozialistischen Deutschlands insgesamt sehr viel zukunftsorientierter war, das Land sich noch auf dem Weg zum verheißenen Paradies namens Kommunismus wähnte, während die Gegenwart mit all ihren Schwierigkeiten mit Abstrichen davon, eben als real existierender Sozialismus in Abgrenzung zu den theoretisch-philosophischen Konstrukten, zu meistern war? Kindergärten und Schulen jedenfalls sind wie kaum eine andere Bauaufgabe unmittelbar mit dem Kommenden verbunden; ihre kleinen Besucher verkörpern schließlich nichts anderes als die Zukunft in der Gegenwart. Die Frage muss hier unbeantwortet bleiben. Ein paar Beispiele für die Darstellung dieser Bauaufgaben im Westen Deutschlands aber seien doch gezeigt, allein schon, um einen Blick auf bauliche wie inszenatorische Parallelen und Unterschiede zu erlauben. Denn immerhin gab es mit Stramm & Co im holsteinischen St. Michaelisdonn einen Verlag, der um 1970 vor allem in Niedersachsen etliche Kindergärten und Schulen als Postkartenmotive verewigt hat. Dabei sind ihm Bauten vor die Kamera geraten, die mitunter wenig architektonische Ambition erkennen lassen und daher einen recht anschaulichen Blick auf den unaufgeregten Durchschnitt bei diesen Bauaufgaben erlauben, wie er damals nicht nur in jenem norddeutschen Flächenland gepflegt wurde.

Der Kindergarten im emsländischen Ort Spahnharrenstätte etwa ist ein architektonisch nicht spektakuläres, aber auch nicht gänzlich belangloses Gebäude; die ruhigen Flächen seines großen Walmdachs und die großzügig bemessenen längsrechteckigen Fenster erinnern an die repräsentativere Wohnhausarchitektur der Sechzigerjahre: für die Kinder, die hier den Vormittag verbringen durften, vermutlich ein vertrauter Rahmen oder, wenn sie auf einem Bauernhof aufwuchsen, zumindest die Anspielung auf ein ihnen aus Werbung und TV vertrautes Wohnideal. Die gewisse Selbstverständlichkeit, die die Architektur ausstrahlt, wurde offensichtlich auch von dem Fotografen der Ansichtskarte wahrgenommen, hat er doch die Spielgeräte der Einrichtung in den Vordergrund gerückt **(187)**.

Ob derselbe Fotograf den Kindergarten in Neuenkirchen bei Bramsche aufgenommen hat, wird leider durch keinen rückseitigen Aufdruck verraten, doch ist auch dieser Bau von der Gartenseite, mit Spielfläche und -gerät vor dem Gebäude, abgebildet **(188)**. Der Siedlungszusammenhang ist hingegen von untergeordneter Bedeutung. Mit seinem Flachdach und den auf ganzer Breite verglasten Gruppenräumen wirkt der Kindergarten architektonisch fast elementar: Weiter reduzieren lässt sich hier nichts. Eine solche »Rappelkiste« – der Name jener Kinderfernsehsendung in den frühen Siebzigerjahren bietet sich für diesen Bau geradezu an – als Typenbau in mehreren Orten zu realisieren, wie es zur selben Zeit im sozialistischen Deutschland üblich war, mag für den heutigen Betrachter naheliegen.

Auch die Schularchitektur war damals vom Schritt hin zur Typisierung gar nicht so weit entfernt, wie eine Ansichtskarte der Schule im niedersächsischen Liebenau, vom selben Verlag produziert, zeigt **(189)**. Wie bei den Postkarten der Kindergärten steht hier ebenfalls das Spielgerät im Vordergrund, diesmal ergänzt um einige für den Fotografen offensichtlich freudig mit ihren Fahrrädern posierende Kinder, die diese Aufnahme ähnlich propagandistisch erscheinen lassen wie jene aus Schwedt. Auch das Schulhaus selbst ist einen Blick wert, bildet es doch ein gutes Beispiel für jene zwar individuell geplanten, aber einem zugrundeliegenden Typus folgenden Bildungsbauten, wie sie in der Bundesrepublik der Sechzigerjahre vielerorts entstanden: ein einhüftiger Grundriss, der Flur belichtet mit hochliegenden, längsrechteckigen Fenstern und großen Öffnungen am Ende, die Klassenräume im Obergeschoss des zweigeschossigen Baukörpers über ein Pultdach von zwei Seiten belichtet. Das ist zwar nicht spektakulär, aber vermutlich ein angenehmer, lichter Lernraum, wie ich ihn auch aus mir bekannten Schulbauten jener Zeit erinnere – und im Grunde nicht weit entfernt von dem, was in der DDR ab den späten Sechzigerjahren an Schulen gebaut wurde.

Doch sollte der bundesrepublikanische Schulbau bald eine andere Richtung einschlagen, hin zu immer größeren Komplexen mit immer tieferen Grundrissen, deren weitläufige Hallen aus Betonfertigteilen und Kalksandstein- oder Ziegelsichtmauerwerk künstlich beleuchtete und mechanisch belüftete Lernräume bargen. Die Schulzentren und Mittelpunktschulen der Siebzigerjahre folgten wie so vieles in jener Zeit dem Trend zur Hypertrophie, wie er sich hinauf bis zu den mäandernden, terrassierten Kettenhochhäusern der Großsiedlungen und hinab bis zu den Ausstattungselementen des Stadtraum-Designs verfolgen lässt. Die in den Großsiedlungen der Bundesrepublik um 1970 angestrebte »Urbanität durch Dichte« – im übernächsten Kapitel sei näher darauf eingegangen – erschien in den Schulzentren jener Zeit demgemäß als so etwas wie »Lernen durch Dichte«: im möglichst langen gemeinsamen Lernen von lernstärkeren und -schwächeren Kindern, im gleichen baulichen Komplex für Gymnasiasten, Real- und Hauptschüler und in einer zumindest idealerweise möglichen Durchlässigkeit der Bildungswege für spätere »Aufsteiger«, um eine gewisse Chancengleichheit bei unterschiedlichen Startbedingungen zu erreichen. Ein Ideal, das bis heute nicht eingelöst ist, im Gegenteil, auch heute noch hängt die Bildungskarriere von Kindern in Deutschland ganz wesentlich vom Stellenwert der Bildung im Elternhaus ab, wie regelmäßig in den Medien zu vernehmen ist, und Untersuchungen wie etwa die Pisa-Studien scheinen dies zu belegen. Wie auch immer: So hehr die zugrunde liegenden Ziele des Schulbaus der Siebzigerjahre in der Bundesrepublik gewesen sein mögen, baulich-räumlich erwiesen sich diese Gebilde häufig als wenig freundliche Orte, um den Schulalltag zu verbringen – die den Großsiedlungen vielfach vorgeworfene Anonymität schlug auch hier durch. Zumindest jüngere Schüler werden sich in diesen Großgemeinschaften schnell verloren gefühlt haben. Und so ist ein Luftbild wie das des Schulzentrums in Rheinberg **(190)** vielleicht die am ehesten angemessene Art und Weise, ein derartiges Gebilde auf einer Postkarte darzustellen in all seiner unübersichtlichen, schon topografisch anmutenden Vielgliedrigkeit: als eine Art Labor, auf das der weise Herr des Experiments aus großer Höhe blickt, um seine Schlüsse aus dem ameisenhaften Durcheinander zu ziehen.

Aschersleben
Kosmonautenviertel, Kindergarten »Bummi« und Stadtambulatorium »Nord«
[100%]

176

Wolfen-Nord (Kr. Bitterfeld)
Wilhelm-Pieck-Oberschule
[100%]

177

Rostock Lütten-Klein
Kindergarten
[100%]

178

Bad Salzungen (Thür.)
Sozialistische Neubauten »An den Beeten«
[100%]

179

Schwedt
Kindergarten Kombination
[100%]

180

Züssow (Meckl.)
Polytechnische
Oberschule
[100%]

181

Grossröhrsdorf (Kr. Bischofswerda)
Polytechnische
Oberschule II
[100%]

182

Herrnhut
Polytechnische
Oberschule
[100%]

183

Neubrandenburg-Südstadt
Oberschule VI
Neubrandenburg-
Südstadt
Polytechnische
Oberschule
[80%]

184

Stralsund
Polytechnische Oberschulen »Karl Liebknecht« und »Rosa Luxemburg« in Knieper West
[80%]

185

Rochlitz (Sa.)
Hermann-Matern-Oberschule
[100%]

186

4471 Spahnharrenstätte
Kindergarten
[100%]

187

4551 Neuenkirchen b. Bramsche
Kindergarten
[80%]

188

3073 Liebenau/Weser 189
Schule
[115%]

Rheinberg
Schulzentrum
[100%]

190

4434 Ochtrup/ Westf.
Schulzentrum
[80%]

191

Der Spielplatz

Noch seltener als Kindergärten sind Spielplätze im Postkartenfundus der Bundesrepublik enthalten, und wenn sie doch einmal ins Bild geraten, wie etwa auf einer Ansichtskarte der Gagfah-Siedlung in Hagen-Vorhalle **(192)** aus den Sechziger- oder auf einer des Neubaugebiets Fuchsgrube in Waiblingen **(193)** aus den Siebzigerjahren, dann eher verschämt am Bildrand als prominent im Zentrum der Darstellung. Und der Befund für das sozialistische Deutschland: Wie Kindergärten und Schulen waren auch Spielplätze in der DDR Vorzeigeobjekte zumindest in der Ansichtskartenproduktion. Von Hoyerswerda **(194)**, der zweiten »sozialistischen Neustadt« nach Stalinstadt/Eisenhüttenstadt, bis Rostock-Lütten Klein **(198)**: Klettergerüste aus Stahl und Rohrsegmente aus Beton, Drehkarussels, Rutschen und Sandkisten mitsamt ihren kleinen Eroberern brechen auf etlichen Motiven der neuen Lebenswelt die formale Härte, die der industrielle Typenbau mit sich brachte. Doch nicht immer gelang die Darstellung von kindlicher Lebenslust und gesellschaftlicher Zukunftsfreude – wenn diese räumlich klar definierten Spielzonen verwaist sind, wie etwa auf einer Ansicht der Siedlung an der Straße des Friedens im sächsischen Hartha **(195)**, wirkt der Ort schnell trist, entsteht ein Eindruck von Verlassenheit, der über die momentane Abwesenheit der Kinder hinausgeht. Noch trauriger aber wirkt die Szenerie, wenn sich ein einzelnes Kind auf den von den Erwachsenen bereitgestellten Gegenständen zu vergnügen versucht: So wirkt die Ansicht der Klettergerüste im Wohnhof an der Villerupter Straße in Riesa **(196)**, auf denen zwei Jungen jeweils für sich turnen, wie ein Standbild des schwedischen Vorstadt-Horrors, der sich in Tomas Alfredsons Verfilmung des Romans *So finster die Nacht* entfaltet. Ob es den auf der 1973 gedruckten Postkarte fotografierten, mithin Ende der Sechzigerjahre Geborenen wohl gelungen ist, der jeden Horizont verstellenden Totalgeometrie mittels Spiel und Fantasie zu entkommen? Den beiden auf einer acht Jahre später produzierten Ansichtskarte abgebildeten Arnstädter Kindern **(200)**, die aus ihrer Sandkiste am Hang die Welt der Erwachsenen zu ihren Füßen überblicken konnten, vielleicht sogar zu durchschauen lernten, traut der Betrachter jedenfalls ein geglücktes Leben zu, wo immer es sie hingeführt haben mag von jenem Moment aus.

Hagen-Vorhalle
Gagfah-Siedlung
[80%]

192

7050 Waiblingen
Neubaugebiet
Fuchsgrube
[100%]

193

Hoyerswerda 194
Wohnkomplex
[80%]

Hartha/Sa. 195
Neubauten an der Straße des Friedens
mit Kinderspielplatz
[80%]

Riesa (Elbe) 5 196
Villerupter Straße
[80%]

Meerane 197
Spielplatz an der
Emil-Schleicher-Straße
[80%]

Rostock
Lütten-Klein
[80%]

198

Halle-Neustadt
[100%]

199

Arnstadt (Thür.)
Blick vom Dornheimer Berg
[120%]

200

Beet und Bank, Brunnen, Kunst und Wäschestangen

Auch für Erwachsene wurden in den neuen Siedlungen Erholungsorte im Außenraum geschaffen – der Balkon allein wäre etwas beengt, um andere Erwachsene zu treffen. Allzu viel Aufwand betrieb man meist nicht: Hier und da eine Bank, viel mehr war vielerorts nicht zu erwarten, und gerade in frisch fertiggestellten Wohngebieten ließ die Gestaltung der Freianlagen oft auf sich warten. Gelegentlich aber wurden auch Brunnen und Blumenbeete angelegt, Freiluftschachfelder plattiert oder Werke der Bildenden Kunst ins Siedlungsbild integriert, die dann in Kontrast standen zu den seriellen, spärlich bis streng gestalteten Gebäuden drumherum. Ansichtskartenfotografen schöpften entsprechend gern aus diesem Pool, um den Erholungswert in den neuen Siedlungen zu betonen oder der Aufnahme einen Blickfang im Vordergrund zu verschaffen. Anders als im Fall von Spielplätzen und Kindergärten kommt bei diesem Thema auch der bundesrepublikanische Siedlungsbau wieder stärker ins Bild.
Eine Postkarte aus der »Waldstadt Iserlohn« am Rande des Sauerlands zeigt den Berliner Platz in der neuen Siedlung am Nußberg (**201**): Rechts mäandert die Schaufensterfassade des Ladenzentrums entlang der Platznordseite, im Bildhintergrund staffeln sich die Zeilenbauten an der Nußbergstraße; die evangelische Johanneskirche, die seit 1960 den Platz auf der Südseite dominiert, ist nicht im Bild; vielleicht war sie noch im Bau, als der Fotograf auf den Auslöser drückte. Sein eigentliches Bildmotiv ist etwas anderes, und zwar das Arrangement der kreisrunden Beete und Hochbeete auf dem Platz, von denen zumindest Letztere mit ihren breiten Randabdeckungen auch als Sitzgelegenheit dienen können. Wie die Bewohner der neuen Siedlung diesen Ort angenommen haben, darüber gibt die Karte keine Auskunft – an jenem Tag, an dem der Fotograf den Ort besuchte, liegt der Platz ziemlich still in der Mittagssonne; ein Vorkriegs-Mercedes 230 oder, wahrscheinlicher, das äußerlich fast identische Nachkriegsmodell 170 S, eine kleine Gruppe von Kunden vor dem Konsum-Geschäft und ein Mann mit Kind auf dem Heimweg sind auszumachen, aber niemand mit Zeit für entspanntes Herumsitzen und Blumenbetrachten.
Auch die kleine Grünanlage an der Martin-Luther-/Ecke Christof-Treu-Straße in Lauf a. d. Pegnitz (**202**) zeigt sich auf einer um 1960 produzierten Postkarte in Erwartung von Spaziergängern; eine Frau nur sitzt auf einer Bank in der Sonne. Die beiden Mietshäuser dahinter könnten mit ihren Steildächern schon vor dem Zweiten Weltkrieg errichtet worden sein, ein sicheres Zeichen der Moderne aber ist das Wohnhochhaus im Hintergrund, laut rückseitigem Aufdruck der eigentliche Gegenstand der Aufnahme. Zu den Steildachhäusern bildet das Hochhaus einen deutlichen Kontrast – man wohnt jetzt anders als noch um 1930. Ohne den grünen Vordergrund wäre die Bildaussage freilich nicht vollständig: Die gepflegte, blühende Anlage scheint den Empfänger der Karte zu beruhigen, dass auch die Bewohner des Hochhauses – damals noch eine neue Wohnerfahrung in Deutschland – auf Garten und Erholungsraum nicht verzichten

müssen, wartet doch eine entsprechende Naherholungswelt mit reichlich Platz vor der Haustür, um die Nachbarn des weiteren Wohnumfelds kennenzulernen und mit ihnen ins Gespräch zu kommen, und sei es über die unterschiedlichen Wohnmodelle im Wirtschaftswunderwestdeutschland.

Sehr viel ähnlicher waren die Wohnerfahrungen in einem komplett neu errichteten Stadtteil wie etwa der Neuen Vahr in Bremen. Die ab 1957 errichtete Großsiedlung für 30.000 Einwohner am östlichen Rand der Hansestadt war mitkonzipiert vom Architekten und Stadtplaner Ernst May, der noch heute anerkannt ist für seine Planungen im Neuen Frankfurt der Weimarer Republik, dessen Nachkriegswirken deren Qualität freilich nicht zugesprochen werden kann. Auch die Bremer Planung wirkt mit ihren überbreiten, die Siedlung zerschneidenden Hauptverkehrsachsen und den daran aufgereihten Zeilenbauten auf den ersten Blick schematisch **(203)**, die Architektur im Einzelnen bis auf das elegante Hochhaus von Alvar Aalto wenig inspiriert. Wer sich davon nicht abschrecken lässt und abseits der räumlichen Schwerpunkte die ruhigen Nachbarschaften durchstreift, wird jedoch noch andere Eindrücke gewinnen – und die verdanken sich zu einem nicht geringen Teil der Landschaftsarchitektur. Für deren Planung zeichnete Karl August Orf verantwortlich. Der gebürtige Hannoversch Mündener hatte seine Ausbildung bei Hermann Mattern erhalten und mit ihm zusammen bei der Bundesgartenschau in Kassel gewirkt; May holte ihn dann zur Neuen Heimat, deren Planungsabteilung er leitete. Mit May kooperierte Orf auch bei anderen Siedlungsplanungen. Selbst wenn frisch angelegte Grünanlagen selten einen Eindruck dessen vermitteln, was dem Planer vorgeschwebt hat – Bäume brauchen Zeit zum Wachsen –, die kleinformatige Schwarz-Weiß-Fotokarte eines Wohnbereichs an der Julius-Leber-Straße **(204)** gibt, obwohl vermutlich bereits um 1960 fotografiert, durchaus einen Eindruck von der Gestaltung der Freiräume: ein sanft modelliertes Gelände, durchzogen von geschwungenen, mit Natursteinplatten belegten Wegen, dazu eine vielfältige Bepflanzung mit Bäumen, Büschen und Blumen, die die Wege begleitet und den Raum gliedert, ohne die Rasenflächen zu stören. Der Garagenvorplatz, auf dessen im Verband verlegten Steinplatten der Fotograf seinerzeit seine Kamera aufgebaut hatte, wirkt wie eine Aussichtsterrasse.

Gab die Architektur oder Freiraumgestaltung wenig fotografisch Festzuhaltendes her, fand sich möglicherweise ein Springbrunnen oder eine Plastik, um das Motiv anzureichern. Und wenn von Brunnen und Kunstwerken weit und breit nichts zu sehen war, sorgte vielleicht wenigstens im Wind flatternde Wäsche an den in den Siedlungen aufgestellten Stangen und Spinnen für ein belebendes Moment.

Trocknende Wäsche ist auch auf Siedlungsbildern der DDR anzutreffen – als Beispiele mögen die Karten aus Grimmen **(208)**, Rostock-Lütten Klein **(205)** und Vockerode **(206)** genügen, unter denen das Grimmener Exemplar mit seinem üppigen Textilbesatz besonders lebendig wirkt: Fast meint der Betrachter, den im Wind knatternden Stoff zu hören. Doch wie in Westdeutschland sind es eher Brunnen und Kunstwerke, die die Fotografen für den Bildaufbau nutzten. Im ersten Abschnitt des ab 1961 gebauten Wohngebiets Schwerin-Lankow gelang dem Autor der 1971 gedruckten Fotokarte eine komplette Szenerie **(207)**: Die knapp unter Hüfthöhe sprudelnden Fontänen in ihren längsrechteckigen Becken werden ergänzt von steinern gefassten Hochbeeten, die Gesamtanlage korrespondiert wiederum mit der Linienführung von Klubgaststätte und Wohnblock, und dann spaziert auch noch eine junge Mutter im Sommerkleid mit zwei Kindern und Kinderwagen durchs Bild, die Skulptur einer Familie, die Mitte der Siebzigerjahre hier aufgestellt werden sollte, vorwegnehmend. Ein Bild fürs Archiv, im Übrigen: Statt auf dem platzartigen Freiraum vor der Gaststätte, noch 1984 im Schwerin-Band des *Architekturführers DDR* gewürdigt, stehen Bewohner wie Besucher heute in einem Supermarkt am Ende der Möllner Straße.

Auch an anderer Stelle wurde Lankow mit Kunst im öffentlichen Raum bereichert. An der Grenze vom 1. und 3. Teil des Neubaugebiets verläuft die Trasse der 1969 in Betrieb genommenen Straßenbahn hin zu ihrer Endhaltestelle an der in den Dreißigerjahren entstandenen Eigenheimsiedlung. Zu diesen Grünflächen zwischen den Bauabschnitten sind die Typenbauten von Kindergarten und -krippe des ersten Bauabschnitts orientiert, und die Scheibenhochhäuser zwischen ihnen geben ihm eine durchaus monumentale bauliche Fassung. So überrascht es nicht, dass diese »grüne Grenze« zwischen den Wohnbereichen mit Kunstwerken bestückt wurde, wie eine 1975 gedruckte, mit Blick auf die Wohngebäude des 3. Bauabschnitts aufgenommene Postkarte zeigt **(209)**.

Mal mehr, mal weniger aufwendige Brunnen finden sich in vielen Neubaugebieten der DDR. Ein etwas schlichteres Beispiel war in der Greifswalder Straße in Riesa zu sehen **(210)**, ein ambitionierteres an der Hufelandstraße im Wolgaster Wohngebiet Nord **(211)**. Während hier einfache kistenförmige Becken in einem Pflanzbeet aufgestellt wurden, in denen Fontänen sprudelten, arrangierte man dort hinter einer abschirmenden Wandscheibe aus Betonformsteinen metallene Teller auf unterschiedlich hohen Rohren in einem großen Bassin. Postkarten gab es von beiden Brunnen, 1971 die eine, 1977 die andere produziert. Das jüngere Beispiel aus Wolgast ist für den heutigen Betrachter das interessantere: Nicht nur beleben einige Anwohner den Ort, es ist zudem, wie auf der Karte aus Lankow, eine Situation im Zentrum des Wohngebiets festgehalten, mit einer Satteldachzeile aus den Anfangstagen des von 1960 bis 1975 gebauten Wohnkomplexes im Vorder- und den späteren Typenbauten von Kaufhalle und Schule im Hintergrund. Bei Letzterer handelt es sich um die 2018 abgerissene Oberschule 6, die nach 1990 noch einige Jahre von einem örtlichen Gymnasium für die Unterbringung der Mittelstufe genutzt wurde.

Einen anderen Maßstab besitzt der Wohnkomplex Johannesplatz in Erfurt. Eine 1981 gedruckte Postkarte **(213)** zeigt ebenfalls die Anmutung im Inneren des 1965–70 realisierten Gebiets, und zwar mit einem Blick in die Wendenstraße. Der lang gestreckte Flachbau des Komplexzentrums, das hier angrenzte, ist

nicht im Bild, wohl aber der Kinderspielplatz auf der anderen Straßenseite, die Plastiken *Lebensfreude* von Helmut Braun und *Lesende* von Eberhard Reppold, die heute noch an Ort und Stelle zu finden sind, sowie die (inzwischen veränderte) Gestaltung des öffentlichen Raums mit quadratischen Gehwegplatten unterschiedlicher Farbgebung, sechseckigen Blumenbeeten vorn und einem größeren Pflanztrog dahinter, dessen Randeinfassung als Sitzgelegenheit dienen konnte. Auch die Wohngebäude verdienen Erwähnung: Sie sind die erstmalige Realisierung der Baureihe *Erfurt*, »als 5-Mp-Montagebauw. entwickelt von Arch. H.-J. Stahr«, wie der *Architekturführer DDR, Bezirk Erfurt* weiß.
Der industrielle Wohnungsbau selbst lieferte aber auch Anlass, Kunst im öffentlichen Raum wirksam zu platzieren. Bereits in den Fünfzigerjahren waren Sgraffiti ein gängiges Element, sowohl an Wohngebäuden wie öffentlichen Bauten, Schulen zum Beispiel – erinnert sei nur an die Postkarte des kleinen Hochhauses im Zentrum von Neugablonz **(45)**. Die Zeilenbauten der Sechziger- und Siebzigerjahre boten mit ihren meist fensterlosen Schmalseiten Platz für Bildwerke in großem Stil, von Farbflächen bis Reliefs, weshalb sie vielerorts wie eine mehr oder weniger üppig bestückte Freiluftgalerie wirken konnten. Der künstlerische Rang dieser mitunter auch propagandistisch eingesetzten Kunst sei dahingestellt, festzuhalten aber ist immerhin die durchgängige Präsenz solcher Bildnisse im Siedlungsraum, oder anders ausgedrückt: die »Ankunft im Alltag« von Kunst. Heute ist der Großteil dieser Werke verschwunden: Weil die Gebäude längst abgerissen oder zumindest die als anstößig empfundenen sozialistischen Kunstwerke demontiert wurden oder weil die Bauten ihre ursprüngliche Anmutung im Ganzen durch Wärmedämmung verloren haben. Wie Brunnen und Plastiken wurden diese flächigen Gestaltungen auch von den Postkartenfotografen gern in die Abbildung der neuen Wohnquartiere einbezogen. Zwei Beispiele mögen an dieser Stelle genügen, aus Nünchritz, wo die Kamera frontal auf das Kunstobjekt an der verputzten Stirnseite eines Zeilenbaus am Karl-Liebknecht-Ring gerichtet ist **(214)**, und aus Greifswald, wo 1969 im Neubaugebiet Schönwalde vom Künstler Helmut Maletzke mit farbigen Betonriemchen eine komplette Schmalseite des Wohnhauses Dubnaring 1a gestaltet wurde **(215)**. *Junge Menschen und Blumen* ist der sozialistischer Agitation unverdächtige Titel des 11 × 18 Meter messenden Kunstwerks, das sich vielleicht auch deshalb bis heute erhalten hat.[1]

1 https://www.kulturkalender.greifswald.de/events/47485?start_on=2020-05-29, abgerufen am 23.05.2021.

Waldstadt Iserlohn (Sauerland)
Neue Siedlung am Nußberg. Partie am Berliner Platz
[100%]

201

Lauf an der Pegnitz
Hochhaus
[100%]

202

Bremen
Neue Vahr
[100%]

203

Bremen
Neue Vahr
[100%]

204

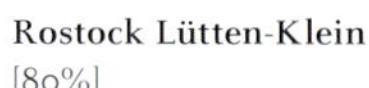

Rostock Lütten-Klein
[80%]

205

Vockerode
(Kr. Gräfenhainichen)
Straße der Jugend
[100%]

206

Schwerin-Lankow
[100%]

207

Grimmen-Südwest
[80%]

208

Schwerin-Lankow 209
[80%]

Riesa (Elbe) 5 210
Neubauten an der Greifswalder Straße
[100%]

Wolgast 211
Springbrunnen im Wohnkomplex Nord
[80%]

Pirna (Elbe) 212
Neubauten auf dem Sonnenstein
[80%]

Erfurt
Johannesplatz, Wendenstraße
[120%]

Nünchritz (Kr. Riesa)
Karl-Liebknecht-Ring
[80%]

214

Greifswald-Schönwalde (neuer Stadtteil)
[100%]

215

Parkplatz und Garagenhof

Die neuen Siedlungen entstanden zum Teil zwar auch im bereits existierenden Gewebe der Stadt, auf brachen Einsprengseln oder anstelle kriegszerstörter Viertel – das Berliner Hansaviertel ist ein prominentes Beispiel –, die meisten aber wurden am Rand der bisherigen Stadtgebiete angelegt, und im Lauf der Fünfziger- und Sechzigerjahre wuchs dementsprechend ihre Entfernung zum Stadtzentrum mehr und mehr an. Parallel stieg der Motorisierungsgrad vor allem in der BRD rasant an, so dass sich die im Alltag zu bewältigenden Distanzen zwischen Wohnung, Arbeitsplatz, Einkaufs- und Freizeitangeboten immer müheloser bewältigen ließen. In der DDR sorgte ein gut ausgebauter öffentlicher Nahverkehr mit Straßenbahnen und Bussen für die Anbindung der Neubauquartiere ans übrige Stadtgebiet – die Versorgung mit Pkw hinkte hier schließlich deutlich dem westdeutschen Standard hinterher (die Zahl von 100 Pkw/1.000 Einwohner war in der Bundesrepublik 1962 erreicht, in der DDR erst 1974, zum Zeitpunkt der Wiedervereinigung kamen im Westen des Landes rund 480 Pkw auf 1.000 Einwohner, im Osten etwa halb so viele[1]).
Zum Abschluss der Ansichtskartenschau zur »aufgelockerten Stadt« seien einige Postkarten betrachtet, die vor allem die Abstellmöglichkeiten von Pkw für die Inszenierung der neuen Wohngebiete nutzen: quantitativ wie qualitativ.
Der einsame F9 in der Hermsdorfer Waldsiedlung, der als eigentlicher Gegenstand einer 1970 gedruckten Schwarz-Weiß-Postkarte gelten kann **(216)**, ist dafür ein gutes Beispiel, der Trabant in der Otto-Grotewohl-Straße auf einer 1972 produzierten Karte des Neubaugebiets Cottbus-Ost **(217)** ein anderes: Die einzelnen Autos wirken als Vorboten einer noch in der Zukunft verorteten allgemeinen individuellen Mobilität. Dass diese als fest versprochen gelten durfte, zeigt die Dimension der in beiden Siedlungen für Parkplätze am Straßenrand bereitgehaltenen Fläche: Die sogenannte Senkrechtparkierung verleiht noch jeder Wohngebietsstraße den Charakter einer Parkplatzerschließung.
Dagegen wurden in Brand-Erbisdorf **(218)**, Schwerin-Lankow **(219)**, Leipzig-Mockau **(220)** und Schneeberg **(221)** Stellflächen abseits der eigentlichen Straßen als Postkarten fotografiert. Auf diesen sind veritable Parkplätze abgebildet, und im Schweriner Beispiel – Druckjahr 1971 – ist der Parkplatz schon gut gefüllt mit Karossen: Auch in der DDR ist der Motorisierungsgrad hoch, so der Eindruck, den die Karte vermittelt. Propaganda? Zumal die abgelichteten Fahrzeuge – Wartburg, Skoda, Moskwitsch – bis auf einen Trabant allesamt der gehobenen Klasse der DDR-Autogesellschaft zuzurechnen sind? Mag sein. Andererseits waren die Neubaugebiete in der DDR keine potenziellen sozialen Brennpunkte wie im Westen; dort wohnten auch Bessergestellte der materiell relativ homogenen DDR-Gesellschaft. Die Bildaussage könnte also lauten: Im Neubaugebiet Lankow leben Menschen, denen es gut geht. Gerade der direkte Vergleich mit der Aufnahme aus Leipzig zeigt, wie sich der Optimismus gegen Mitte der Achtzigerjahre verflüchtigt hat: Im Grunde ist die 1983 gedruckte

1 http://archiv.nationalatlas.de/wp-content/art_pdf/Band9_62-63_archiv.pdf, abgerufen am 26.05.2021.

Karte nicht so viel anders als die Ansicht aus Lankow, und doch: Die Autos stehen nicht mehr im Vordergrund, sind selbstverständlicher Bestandteil der Umgebung. Der Fuhrpark hat sich gegenüber dem im Jahr 1970 aber so gut wie gar nicht verändert. Noch immer prägen Trabantmodelle das Bild, dazwischen steht ein inzwischen betagter F9, im Vordergrund ein rumänischer Dacia, der als in Lizenz gebauter Renault einen Hauch kapitalistischer Automobilität ins Straßenbild weht. Und ähnlich beiläufig, wie die Autos ins Bild gesetzt sind, sieht der Fotograf auch die industriell montierten kastenförmigen Gebäude des Neubaugebiets: Weder die Oberschule im Vordergrund noch die Wohnhäuser hinten wirken so richtig »porträtiert«, bilden eher den Hintergrund denn das Bildmotiv. Was aber ist das Bildmotiv? Die offensichtlich liebevoll angelegten Pflanzbeete im Vordergrund? Das wäre schon ein Fingerzeig auf den Rückzug ins Privatleben, ins kleine Glück, der gegen Ende der DDR so verbreitet war. So sorgsam, wie die meisten Postkarten der DDR fotografiert wurden, erscheint eine solche Interpretation jedenfalls zulässig, gerade im Vergleich mit älteren Siedlungsansichten, auch wenn die tatsächliche Intention des Fotografen im Dunkeln liegt.

Mindestens ebenso typisch wie die großen Parkplatzanlagen unter freiem Himmel waren Garagenhöfe für die Neubaugebiete der DDR. Auf Postkarten tauchen sie eher selten auf: Architektonisch anspruchslos, lassen sie die Fahrzeuge aus dem Siedlungsbild verschwinden, weswegen das Mobilitätsversprechen eher indirekt aus ihnen spricht. Auf einer 1968 gedruckten Ansicht der Wohnstadt Halle-Nord (**222**) sind im Vordergrund denn auch Freiluftparkplätze zu sehen, darauf ähnlich wie bei den bereits angesprochenen Postkarten aus Hermsdorf und Cottbus ein einzelner Pkw, in diesem Fall ein Trabant der ersten Serie. Erst dahinter ragen die Garagen ins Bild. Im sächsischen Lichtenstein dagegen sind sie architektonisch offensiver artikuliert; ihre angeschrägten Trennwände, die das Vordach tragen, erzeugen über den Schattenwurf eine Reihung flacher Dreiecke, die dem Autofahrer den Weg zum trockenen Stellplatz zeigen (**225**). Auch auf dieser, 1971 gedruckten Fotokarte ist nur ein einzelnes Fahrzeug Teil der Szenerie.

Eine Ansicht aus Wilthen (**226**) zeigt dagegen, wie Auto- und Motorradbesitzer ihre Vehikel gegen die Unbill der Witterung schützen konnten, wenn kein Garagenplatz zur Verfügung stand: Die Planen, mit denen Vier- wie Zweiräder auf der 1974 gedruckten Postkarte abgedeckt sind, waren so ähnlich auch in der Bundesrepublik gebräuchlich. Auf einer Siedlungs-Ansichtskarte habe ich allerdings noch nie ihren Einsatz dokumentiert gesehen. Überhaupt überrascht es, dass die vergleichsweise wenigen privaten Pkw in der DDR auf Ansichtskarten der Neubaugebiete deutlich präsenter sind als auf zeitgenössischen Abbildungen von Siedlungen in der Bundesrepublik. In Pinneberg-Thesdorf zeigt eine vermutlich aus einem Hochhaus aufgenommene Postkarte den Blick auf einen Parkplatz, der den Beispielen aus der DDR ähnelt (**223**): Senkrechtparkierung, wie es so schön heißt, beidseits einer schmalen Fahrgasse. Nur wenige Plätze sind belegt, die abgestellten Fahrzeuge allesamt bundesrepublikanische Massenware: Volkswagen, Opel Kadett, Ford 12 m. Nur das Mercedes-Coupé hinten links fällt aus dem Rahmen des Erwartbaren: vielleicht ein Arzt auf Krankenbesuch. Wer sich um 1970 einen solchen Wagen leisten konnte, wohnte jedenfalls eher nicht in einer Siedlung wie Thesdorf; die soziale Mischung war in der Bundesrepublik viel weniger bunt als im sozialistischen Deutschland. Die Farbansicht des Parkplatzes in Viernheim hingegen **(224)** ist schon ein bisschen in die Reihe hineingeschummelt: Immerhin bedient diese Asphaltfläche auch den Parkbedarf des Bürgerhauses, das im Zentrum der Siedlung steht (und mit seinem farbig bemalten Fassadenbeton ein typisches Beispiel für die Architektur der Siebzigerjahre in der Bundesrepublik darstellt, in einer Zeit, in der die Kritik an der gestalterischen Ödnis des Siedlungsbaus bereits laut oder zumindest hörbar war).

Hermsdorf (Kr. Stadtroda)
Waldsiedlung
[100%]

216

Cottbus (Ost)
Otto-Grotewohl-Straße
[100%]

217

Brand-Erbisdorf
Neubaugebiet
[80%]

218

Schwerin-Lankow
[100%]

219

Messestadt Leipzig
Neubaugebiet Mockau
[100%]

220

Schneeberg (Kr. Aue)
Neubauten am Keilberg
[100%]

221

Halle (Saale)
Wohnstadt Nord
[100%]

222

2080 Pinneberg-Thesdorf
[80%]

223

Viernheim/Hessen
Bürgerhaus
[100%]

224

Lichtenstein (Sa.)
[100%]

225

8609 Wilthen
(Kreis Bautzen)
[80%]

226

Halle-Neustadt

Im Vordergrund eine ausladende Brunnenschale, darauf die Skulpturen von badenden Schönheiten, dahinter der filigrane Betonbogen einer Fußgängerbrücke, als Fonds vier Wohnhochhäuser mit plastischen Betonfassaden – auf einer 1977 gedruckten Fotopostkarte **(227)** entfaltet das Zentrum von Halle-Neustadt durchaus architektonische Kraft. Und zwar bis heute, auch wenn sich die Situation gewandelt hat. Gerhard Lichtenfelds *Frauenbrunnen*, 1974 zum zehnten Jahrestag der Grundsteinlegung der neuen Ansiedlung aufgestellt,[1] ist zwar noch immer an Ort und Stelle zu erleben, die Fußgängerbrücke aber ist abgerissen und vier der fünf Hochhausscheiben stehen leer – entsprechend unbelebt präsentiert sich inzwischen die Ladenpassage zu ihren Füßen. Dennoch lohnt sich für alle an Architektur und Städtebau des 20. Jahrhunderts Interessierten ein Besuch vor Ort. 1964 für die Unterbringung der Chemiearbeiter von Leuna begonnen, sollte die zunächst Halle-West genannte Großsiedlung als Halle-Neustadt eines der aussagekräftigsten Beispiele des spätmodernen Städtebaus in Deutschland werden, und heute steht sie auch beispielhaft für die Folgen der Wiedervereinigung für das Erbe des großmaßstäblichen industriellen Wohnungsbaus der DDR.

Halle-Neustadt
Bildungszentrum

Im Rahmen dieser Recherche sind insbesondere die Anfänge von »Ha-Neu«, wie die Großsiedlung schon in der DDR ironisch genannt wurde, von Interesse, wurde doch vor allem zu Beginn eine große Zahl von Ansichtskarten der beiden ersten Wohnkomplexe und des Zentrums produziert. Interessant ist es zu verfolgen, wie sich die Leitbilder im Laufe der Jahre wandelten: Stehen die WK I (1964–68) und II (1966–70), konzipiert von einem Kollektiv unter Führung des am Dessauer Bauhaus ausgebildeten Architekten Richard Paulick, noch ganz für das Leitbild der gegliederten und aufgelockerten Stadt mit ihrer klaren Trennung der Funktionen – große und kleine Wohnscheiben, Flachbauten für die Versorgung, Typenbau-Schulen und -Kindergärten sowie ein paar Sonderbauten –, vollzog sich mit dem Übergang der Planungsverantwortung an den jungen Architekten Karlheinz Schlesier im Jahr 1969 bis zum Wohnkomplex VIII und dem Stadtzentrum die Hinwendung zur späteren Vorstellung einer größeren »Urbanität durch Dichte«, wie in Planerkreisen seinerzeit das Ziel formuliert wurde. Die Einschätzung des 1977 erschienenen *Architekturführers DDR, Bezirk Halle* hat mit Blick auf das Gesamtergebnis nicht an Gültigkeit verloren: »In Halle-Neustadt ist an den aufeinanderfolgenden Wohnkomplexen die Entwicklung des Städtebaus und der Architektur in den Sechzigerjahren der DDR ablesbar, die gleichzeitig von hier aus bedeutende Impulse erhielt … In Halle-Neustadt wurde eine Synthese von Städtebau, Architektur und bildender Kunst angestrebt.« Bedauerlich, dass mit diesem so aussagekräftigen Ensemble nach 1990 wenig pfleglich umgegangen wurde – vor allem Abrisse, aber auch lieblose, entstellende Sanierungen haben dieses Groß-Monument beschädigt. Als eine Art Gesamtkunstwerk des DDR-Städtebaus hat Halle-Neustadt nur als Fragment überdauert.

Das 1967 zur Stadt erhobene Halle-Neustadt sei an dieser Stelle betrachtet vor allem als ein Projekt des Übergangs vom einen zum anderen städtebaulichen

1 https://www.halle-im-bild.de/fotos/brunnen-wasserspiele/frauenbrunnen; abgerufen am 15.10.2020.

Leitbild sowie des Übergangs der Verantwortung von noch in der Vorkriegszeit ausgebildeten Architekten wie Paulick (Jahrgang 1903) an eine schon in der DDR ausgebildete Planergeneration wie Schlesier (Jahrgang 1934). Frühere Großsiedlungen wie die bundesdeutsche Sennestadt oder spätere wie das Märkische Viertel in West-Berlin und die Ost-Berliner Großsiedlungen Marzahn und Hellersdorf sind, da in einem Zuge geplant und realisiert, eben nur einem der beiden Leitbilder zuzuordnen. Wie schon erwähnt eignet sich das Medium Postkarte im Fall von Halle-Neustadt besonders für einen Blick auf die Anfänge – die Wohnkomplexe I und II südlich der Magistrale – und auf das zu DDR-Zeiten nie ganz fertiggestellte Zentrum jenseits dieser Achse. Die übrigen Wohnkomplexe spielten als Postkartenmotiv eine deutlich untergeordnete Rolle, doch dies läuft parallel mit der generell abnehmenden Häufigkeit neuer Siedlungen als Ansichtskartenmotiv ab Mitte der Siebzigerjahre, als zunehmend Fragen der Denkmalpflege und der Altstadtsanierung sowie die Kritik an den Ergebnissen des industriellen Bauens ins Zentrum der allgemeinen wie fachlichen Wahrnehmung rückten, in der DDR wie in der BRD.

Rückgrat von Halle-Neustadt ist die Magistrale, die ab dem Rennbahnkreuz im Nordwesten der Galopprennbahn die Großsiedlung von Ost nach West durchzieht: Der Blick von der nördlichen Aufgangsrampe der anfangs erwähnten Fußgängerbrücke am *Frauenbrunnen* in Richtung Rennbahnkreuz gab 1977 ein Ansichtskartenmotiv ab **(228)**, so dass der frühe Zustand dieser Hauptstraße, die von Neustadt aus durch die Altstadt bis zum damaligen Ernst-Thälmann-Platz (heute Riebeckplatz) getrieben wurde, am Eingang zum Neustädter Zentrum auch in diesem populären Medium dokumentiert ist.[2] Hinter der großzügig bemessenen Verkehrsfläche ragt links der Flachbau des Bierrestaurants *Halloreneck* ins Bild, der dem 13-geschossigen, inzwischen für ein Seniorenheim abgerissenen Wohnblock 201 vorgelagert war und die Südwestecke des 3. Wohnkomplexes bildete; dort, wo heute die Bar *Las Vegas* täglich von morgens um 6 bis anderntags um 5 Uhr auf Gäste wartet.

Was die Aufnahme nicht zeigt, ist die Dramaturgie der Magistrale, dank der die Fahrt vom Riebeck- beziehungsweise Thälmann-Platz nach Halle-Neustadt ein geradezu filmisches Stadterlebnis ist, ähnlich dem in Berlin, wenn man auf der Stadtbahn zwischen West- und Ostkreuz eine Fahrt unternimmt. Und das liegt nicht nur an der Führung der Trasse im alten Teil von Halle: Auch in Neustadt ist die Magistrale mehr als nur ein gerades Band. Etwa in der Mitte, an der Grenze von erstem und zweitem Wohnkomplex, wird sie leicht geknickt, was ihre räumliche Dramaturgie gegenüber einer streng linearen Führung steigert und von den Fotografen, die sie ablichteten, dankbar aufgenommen wurde. Ein günstiger Standpunkt war die zweite, am westlichen Rand des Zentrums angeordnete und inzwischen ebenfalls abgerissene Fußgängerbrücke, die das Stadtzentrum mit dem Versorgungszentrum von Wohnkomplex I verband. Eine 1976 gedruckte Fotokarte **(230)** zeigt das soeben fertiggestellte Hochhausscheibenstakkato der Zentrumsbebauung auf der linken, die langen Wohnscheiben

2 Zur Inszenierung des Thälmann-Platzes mit dem Medium der Ansichtskarte siehe Ulrich Brinkmann: Vorsicht auf dem Wendehammer! Die Straße als Element des Städtebaus, Berlin 2023.

des ersten und zweiten Wohnkomplexes auf der rechten Seite der Magistrale aufgereiht. Der Raum, der hier im Bild steht, ist ausgesprochen weitläufig, man könnte auch sagen: ein wenig fußgängerunfreundlich, vielleicht sogar: unwirtlich. Doch abgesehen von den großen Entfernungen stellt sich die Frage, wofür all der Platz eigentlich freigehalten wird. Wozu etwa dient der grüne Mittelstreifen zwischen den gar nicht so vielspurigen Richtungsstraßen? Wozu der grüne Vorbereich vor den Wohnscheiben rechts? Die freie Fläche, die sich vor den Zentrumshochhäusern dehnt? Doch damals war Halle-Neustadt noch eine Stadt im Aufbau, und Platzreserven vorzusehen, um auf eventuelle neue Nutzungsanforderungen reagieren zu können, ist nicht die schlechteste Idee – die Veränderungen, die gut 22 Jahre nach der städtischen Unabhängigkeit über Halle-Neustadt hereinbrechen sollten, gar nicht eingerechnet. Immerhin: Dass nach der Wende genau auf der Freifläche, die sich auf besagter Ansichtskarte abgebildet findet, eine Shoppingmall mit Multiplex-Kino untergebracht werden konnte und der grüne Mittelstreifen wie gemacht schien für das Verlegen von Straßenbahngleisen, ist kein schlechtes Zeichen für die Elastizität des ursprünglichen städtebaulichen Plans.

Wurde die Straßenbahn auch erst viele Jahre nach der Gründung in die Neustadt geführt, so war die Großsiedlung dennoch an den öffentlichen Verkehr angebunden, und zwar mit der S-Bahn, die das Zentrum unterirdisch kreuzt und weiter südlich auf der Grenze zwischen den ersten beiden Wohnkomplexen verläuft. Der Bahnhof war von ihnen aus über einen 448 Meter langen Fußgängertunnel direkt zugänglich; sein Eingangspavillon steht auf einer 1974 gedruckten Ansicht prominent im Bild **(229)**. Das eigentliche, 1970 fertiggestellte und repräsentativ bemessene Empfangsgebäude lag im Zentrum, nahe der Hochhausscheiben. Es machte nach der Wende noch einmal Karriere als Postkartenmotiv, als es, schon aus der Nutzung genommen, verwahrlost und dem Abriss geweiht, 2005 temporär als *Zentrum für zeitgenössische Kultur*, kurz ZfzK, diente.

Doch zurück an die Magistrale. Wie erwähnt bildete die Fußgängerbrücke im Westen des Zentrums eine direkte Wegeverbindung zum ersten Wohnkomplex – immerhin die Schwimmhalle gibt heute noch den Anhaltspunkt, an welcher Stelle die breite Straße zu überqueren ist, wenn man diese Keimzelle von Neustadt in Augenschein nehmen möchte. Trotz des kläglichen Zustands haben immerhin einige prägende Gebäude überdauert: der Wohnblock 618–621 – mit 385 Meter Ausdehnung einst das »längste Hochhaus der DDR« – **(231)**, das auf der Westseite vorgelagerte, fast ebenso lange Versorgungszentrum **(231–233)**, der sogenannte Plasteblock 683 (ein Experimentalbau zur Erprobung neuer Baumaterialien) sowie der kreisrunde Delta-Kindergarten **(236)**, heute ein Seniorenzentrum. Zudem ist das fünf Geschosse hohe Wandbild am Ostgiebel von Block 645 *Lenins Worte werden wahr* **(234)** durch die Zeit gekommen; das Gebäude selbst ist ein Vertreter der in Halle-Neustadt mehrfach realisierten Weiterentwicklung des Typs IW 63 – Q6 – 2 Mp, für den der damals noch nicht 30-jährige Architekt Klaus Dietrich einen Preis im Architekturwettbewerb Industrielles Bauen 1965 zugesprochen bekam[3] – im WK I wurden alle fünfgeschossigen Wohnbauten auf diese Weise errichtet.

All diese Bestandteile des 1. Wohnkomplexes sind auf etlichen Ansichtskarten der jungen Neustadt verewigt, so dass sich vor Ort leicht die Veränderungen im Kleinen nachvollziehen lassen. Diese machen auch deutlich, wie sehr die Qualität eines solchen Ensembles der Spätmoderne von gestalterischen Details abhängt. Beispiele gibt es leider genug. Um nur drei zu nennen: Die Pergolen des Versorgungszentrums mit ihren hauchdünnen Stützen etwa, zu sehen auf einer 1969 gedruckten Ansichtskarte mit Block 618ff. im Hintergrund **(231)** – perdu. Die Korrespondenz mit den filigranen Profilen der Schaufensterfassaden (die auch nicht mehr komplett sind) ist somit aufgehoben, der ursprüngliche Zusammenklang der Einzelelemente über die gemeinsame Linienführung zerstört. Die Verpackung der Fassaden in armdicke Schichten von Polystyrol? Mag bauphysikalisch sinnvoll und ökonomisch angezeigt gewesen sein – die Plastizität der Fassaden, also das Wechselspiel von Flächen und Kleinräumen, die Ästhetik des Materials und der industriellen Fertigung aber ist dadurch an den sanierten Gebäuden nicht mehr existent. Die Freiraumgestaltung, die aufgrund der Höhe der Wohnbebauung so bedeutsam ist, quasi das »Spielfeld« des Wohnkomplexes abgibt? Durch kleinteilige, im Einzelnen vielleicht stimmige, aber nicht aufeinander und schon gar nicht auf die Architektur und den Städtebau abgestimmt wirkende Veränderungen zerrissen, auch hier wieder: beziehungslose Fragmente statt Zusammenspiel. So wirkt das Zentrum des ersten Wohnkomplexes, obwohl baulich noch weitgehend vorhanden, auf seltsame Weise geschichtslos, so, als seien die einzelnen Elemente lediglich Platzhalter (oder Wiedergänger) der ursprünglichen Bebauung: in Farben und Oberflächen dem bundesrepublikanischen Siedlungsbau der Jahrtausendwende entsprechend, angewandt auf eine Großsiedlung der DDR.

Hier die bewusste Austreibung einer als peinlich, schmerzlich oder sonstwie unangenehm empfundenen Vergangenheit zu vermuten, wäre gleichwohl eine Überinterpretation. Es zeigen sich daran vielleicht Achtlosigkeit, mehr noch Unsicherheit in der Wahl der geeigneten Mittel und vermutlich auch die Not und der Handlungsdruck unter den Bedingungen der »schrumpfenden Stadt« um die Jahrtausendwende. Mit ein wenig Zuversicht mag man hoffen, dass irgendwann die ursprüngliche Ästhetik zumindest in diesem klar umgrenzten Bereich wieder hervorgeholt wird. Ein Publikum, das die stringente Eleganz der Sechzigerjahre wertschätzt, sollte in einer Universitätsstadt wie Halle eigentlich vorhanden sein, und eine Behandlung eines solch überschaubaren Areals mit denkmalpflegerischen Mitteln könnte durchaus auf die gesamte Neustadt ausstrahlen und ein wenig Stolz auf diesen Wohnort vermitteln. Es geht ja nicht um eine Betrachtung von Neustadt als ein großflächiges Ensemble von Einzeldenkmälern. Zumindest hier, am Ursprungsort der Großsiedlung, wäre dies jedoch nicht nur wünschenswert, sondern auch angemessen:

3 Deutsche Architektur, Heft 3/1962, Heft 4/1966, S. 247, und Heft 6/1966, S. 336.

aufgrund der Besonderheit von Gebäuden wie Kindergarten, Plasteblock, Versorgungszentrum und Superblock, wie aufgrund der Bedeutung des Gesamtprojekts, was eine denkmalgerechte Behandlung der an diese Mitte angrenzenden Typenbauten auf der Westseite (der Blöcke 682, 645, 635, 634, 632 und des derzeit als Ruine dastehenden Blocks 043 an der Magistrale) sowie die Gestaltung der Freiflächen einschließt.

Die Schule zwischen Versorgungszentrum und Magistrale sollte jedenfalls unbedingt der einzige Abriss bleiben. Ein 1971 von oben aufgenommener Blick über diesen nördlichen Bereich des Zentrums zeigt, wie ihre gestaffelten Baukörper von der Eingeschossigkeit des Versorgungszentrums zu der zehngeschossigen Bebauung an der Magistrale überleiteten sowie die ursprüngliche »Fassadengestaltung« der Freiflächen: Bei einer so hohen Randbebauung wirken die Außenräume unvermeidlich als verbindende Flächen der frei stehenden Gebäude, und selbst ein so vermeintlich banales Detail wie die Fugen der Betonplatten der Fahrwege erhält darin eine Rolle, die unbesetzt bleibt, wenn die Oberfläche unter einem Strom von Asphalt verschwindet.

Halle-Neustadt
Brunnen mit Bronzefiguren von Prof. Gerhard Lichtenfeld
[100%]

Halle-Neustadt, Magistrale 228
Blick von der Fußgängerbrücke
[120%]

Halle-Neustadt 229
[80%]

Halle-Neustadt, Magistrale 230
Blick von der Fußgängerbrücke
[80%]

Halle-Neustadt
[100%]

231

Halle-Neustadt
[100%]

232

Halle-Neustadt
HO-Gaststätte »Gastronom«
[100%]

233

Halle-Neustadt 234
Giebelgestaltung
»Lenins Worte werden
wahr« (1. Wohnkomplex)
[120%]

Halle-Neustadt
[100%]

235

Halle-Neustadt
[100%]

236

Halle-Neustadt
[100%]

237

Halle-Neustadt
(2. Wohnkomplex)
Block 492 – Hochhaus
[100%]

238

Halle-Neustadt
[100%]

239

Halle-Neustadt
Ernst-Thälmann-Straße
[100%]

240

Halle-Neustadt
Kaufhalle »basar« –
Probierbar
[100%]

241

Halle-Neustadt
Am Alchimisten-
brunnen
[100%]

242

Halle-Neustadt
Brunnen an der
Magistrale
[100%]

243

Halle-Neustadt
[100%]

244

Halle-Neustadt
Im Wohnbezirk VIII
[100%]

245

Halle-Neustadt
»Marsch der Jugend«,
Wandbild
[100%]

246

Halle-Neustadt,
Magistrale
[80%]

247

Neue Leitbilder: Berlin-Gropiusstadt, Berlin-Märkisches Viertel

Die Unzulänglichkeiten des Siedlungsbaus der Fünfzigerjahre lagen ein Jahrzehnt später auf der Hand. Dichtere Bauweisen sollten in neuen Stadtgebieten etwas garantieren, was den Siedlungen fehlte: Urbanität, Lebendigkeit, Abwechslung und größere Vielfalt. An der Trennung der Funktionen aber hielten die Planer in Ost und West fest: Wohn- und Arbeitswelten blieben strikt voneinander geschieden. Großsiedlungen wie die ab 1962 auf Basis von Plänen von Walter Gropius errichtete Gropiusstadt im Süden von West-Berlin oder das unter Beteiligung der damaligen bundesdeutschen beziehungsweise Berliner Architekten-Elite ab 1963 geplante Märkische Viertel im Norden der Halbstadt konnten dieses Versprechen nicht einlösen, und ebenso wenig gelang dies anderen um 1970 geplanten »Trabantenstädten« in der Bundesrepublik oder in der DDR – Urbanität ist nicht nur eine Frage von Quantitäten. So blieb es beim »Bild« von Dichte, wie es sich auch in den zeitgenössischen Ansichtskarten der neuen Großsiedlungen betrachten lässt. Vor allem die beiden Berliner Projekte lieferten eine große Bandbreite von Motiven, mit denen die rund 50.000 (Gropiusstadt) beziehungsweise 40.000 Bewohner ihr neues Lebensumfeld in den Freundes- und Verwandtenkreis schicken konnten. Doch brauchte es wohl diese Sackgasse, um Mitte der Siebzigerjahre zu einer neuen Anerkennung von Stadt-, Architektur- und Industriegeschichte, Denkmalschutz und gelebtem Alltag zu finden, ohne die die »behutsame Stadterneuerung«, wie sie damals einsetzte, die »kritische Rekonstruktion« der Berliner Mitte nach dem Mauerfall, die Rettung der verfallenen Stadtzentren in den neuen Bundesländern und die zahlreichen Rekonstruktionsprojekte kaum denkbar gewesen wären.

Berlin-Rudow
Rundblick über die Gropiusstadt

Wie in Halle-Neustadt ist auch in der Berliner Gropiusstadt der Wandel der Leitbilder nachvollziehbar. Die Mitte der Fünfzigerjahre als durchgängiges Siedlungsband erstmals ins Auge gefasste, ab 1959 geplante, ab 1962 gebaute und 1974 fertiggestellte Großsiedlung im Südosten von West-Berlin, auf 264 Hektar ehemals landwirtschaftlichen Flächen zwischen den Ortskernen der alten Dörfer Britz, Buckow und Rudow platziert, war mit 18.896 Wohnungen der größte der bis dahin nach dem Zweiten Weltkrieg in Berlin neu errichteten Stadtteile. Die Initiative zu ihrer Errichtung kam 1955 von der Wohnungsbaugesellschaft GEHAG, die in der Zwischenkriegszeit die berühmte Hufeisensiedlung nach Plänen von Bruno Taut sowie nach dem Krieg im Anschluss daran die Siedlung Britz-Süd gebaut hatte und diese Entwicklung in Richtung Rudow fortsetzen wollte.[1] Zu diesem Zeitpunkt wurden bereits zwei Grundelemente der Gropiusstadt festgelegt: die Trasse der U-Bahn und der zentrale Grünzug. Drei Jahre später, 1958, wurde die Entscheidung in der Senatsverwaltung für Bau- und Wohnungswesen zum Beginn der Gesamtplanung getroffen, woraufhin die GEHAG mit dem Erwerb der privaten Grundstücke begann (63 Hektar Ackerland gehörten bereits dem Land Berlin). Ende des Jahres schlug die GEHAG vor, Walter Gropius und sein Büro TAC (The Architects Collaborative) mit der Planung zu beauftragen; der Berliner Architekt Wils Ebert wurde Kontaktarchitekt

1 Die Gropiusstadt. Der städtebauliche Planungs- und Entscheidungsvorgang. Eine Untersuchung von Hans Bandel und Dittmar Machule im Auftrage des Senators für Bau und Wohnungswesen Berlin, Berlin 1974.

vor Ort. Die spätere, entweder kritisierte oder aber gewürdigte Wirkung der Gropiusstadt als wahlweise recht zusammenhangloses oder abwechslungsreiches Gesamtgebilde lässt sich bereits in diesem frühen Stadium erahnen: »Neben den unterschiedlichen Motivationen und Zielvorstellungen der Beteiligten werden schon in den ersten Jahren die Schwächen und Stärken der Planung der Gropiusstadt sichtbar. Dezentralisierte Kompetenzen, insbesondere was die städtebauliche Gesamtplanung betrifft, lassen gemeinsame Entscheidungsfindungen zu langwierigen und mühsam vorangetriebenen Vorgängen werden … Sehr bald stehen sich grundsätzlich das Interesse der Gehag – die das gesamte Gelände zügig und konsequent unter der planerischen Oberleitung von Prof. Walter Gropius bebauen will – und die Bestrebungen der Abteilungen des Senators für Bau- und Wohnungswesen gegenüber, die eine größere Beteiligung Berliner Architekten und Baugesellschaften anstreben und die den vielschichtigen Komplex ›Belange der Allgemeinheit‹, in den verschiedenste Aktivitäten der Behörden und von Einzelpersonen einfließen, zu vertreten haben.«[2] Im Wechsel der Leitbilder von der »gegliederten und aufgelockerten Stadt« im nördlichen Teil hin zu einer größeren Dichte und komplexeren Geometrie der Baukörper im östlichen Bereich ist dieser Konflikt noch heute ablesbar – die Geschossflächenzahl wurde dort gegenüber dem ersten Bauabschnitt auf 1,6 verdoppelt, zudem für jede Wohnung ein Parkplatz verlangt, was nur durch die Integration großer Parkhäuser in die Planung gelingen konnte. Vor allem dieser spätere Bereich der Gropiusstadt, realisiert auf der Grundlage eines städtebaulichen Konzepts der Architekten Rolf Gutbrod und Hans Bandel, ist in diesem Zusammenhang von Interesse, existiert doch vor allem von ihm eine ganze Reihe von fotografischen Darstellungen, darunter auch etliche Postkarten. Dieser Teil der Großsiedlung scheint also von Anbeginn als etwas Neues, vielleicht gar Vorzeigbares, zumindest aber fotografisch Interessantes begriffen worden zu sein. Auch heute gilt der Bereich zwischen Lipschitzallee im Westen, Fritz-Erler-Allee im Norden und Zwickauer Damm im Osten als die eigentliche Gropiusstadt, während den nordwestlich anschließenden, davor entstandenen Zeilenbauensembles weit weniger öffentliche Aufmerksamkeit zuteil wird – eine Aufmerksamkeit, die noch immer zwischen Faszination und Ablehnung oszilliert.

Im flüchtigen Vorbeifahren erschließen sich die Qualitäten der Gropiusstadt allerdings kaum, was auch daran liegt, dass die Hauptverkehrserschließung außen liegt, vor allem in Gestalt der bereits erwähnten Fritz-Erler-Allee sowie, auf der Ostseite, des Zwickauer Damms. Das eigentliche Rückgrat der Großsiedlung aber ist keine Straße, sondern ihr innerer Grünbereich, in dem die U-Bahnhöfe ebenso wie die Einkaufszentren liegen. Auch zwei der drei höchsten Wohnhochhäuser der Gropiusstadt, die beiden 28-geschossigen Bauten des Berliner Architekten Manfred J. Hinrichs, sind an diesem Grünraum angeordnet, und zwar an der Ecke Wutzkyallee, also etwa in der Mitte des dritten Bauabschnitts, und am Zwickauer Damm; Ansichtskartenmotive alle beide, um 1970 **(251, 257)**, und geeignete Orte, um Übersichtsaufnahmen der Großsiedlung

2 Ebd., S. 11.

anzufertigen (252). Wahrzeichen der Gropiusstadt ist jedoch – passenderweise – das mit 31 Geschossen noch etwas höhere Gebäude am Wildmeisterdamm, das Gropius' Büro TAC zusammen mit dem benachbarten halbkreisförmigen 18-Geschosser geplant hatte. Dieser 1966–69 errichtete Bau dominiert allein schon aufgrund seiner Höhe von 90 Metern etliche Postkarten der Gropiusstadt (248), wurde von den Fotografen aber immer wieder auch direkt als Motiv gesucht, sei es als Solitär (258), sei es als Fluchtpunkt einer Perspektive durch die Großsiedlung: »Durchblick zum Gropius-Hochhaus« heißt so etwas dann (256). Die Beliebtheit als Bildmotiv verwundert insofern nicht, als das Hochhaus in der Tat einen hohen Wiedererkennungswert besitzt, mit seiner gestaffelten Volumetrie, den wie Schubladen vorkragenden Bereichen im Verlauf des Schaftes und dem wie in die Umgebung blickenden oberen Gebäudeabschluss. Doch auch die Einkaufszentren (253), das Schwimmbad (259), die Schulen und die Kirchen (260) waren einst Bauten, die sich als Repräsentanten der neuen Stadtlandschaft in Form von Postkarten in die Welt versenden ließen.

Etwa zeitgleich zur Gropiusstadt entstand am nördlichen Rand West-Berlins das Märkische Viertel. Die Planungszeit ab 1952 und die Bauzeit – 1963–74 – sind nahezu identisch mit jenen der Großsiedlung im Süden, und auch die Größe ist mit 17.000 Wohnungen annähernd gleich. Doch während die Gropiusstadt quasi auf dem Reißbrett konzipiert wurde und zumindest von der Ausgangslage her eine Art Idealplanung ihrer Zeit hätte darstellen können, existierte nördlich und südlich des Wilhelmsruher Damms im Bezirk Reinickendorf bereits eine Art wilde Wohnhaus- und Datschenbebauung auf kleinteiligen privaten Grundstücken; ein Siedlungsbild, das sich nach dem Zweiten Weltkrieg ohne großes planerisches und städtisches Zutun entwickelt hatte und ohne dass die erforderliche Ver- und Entsorgungsinfrastruktur existierte. Der Masterplan, den die Architekten Werner Düttmann, Georg Heinrichs und Hans C. Müller für die Großsiedlung entwickelten, reagierte darauf, indem drei Bebauungsstreifen mit Hochhäusern die kleinteilige Bebauung gebirgskettengleich einfassten und sich am Wilhelmsruher Damm zu einem Zentrum zusammenschlossen. Diese Struktur wurde von der Wohnungsbaugesellschaft GESOBAU ohne große Abstriche umgesetzt – anders als Gropius' Masterplan für Britz-Buckow-Rudow – und hat sich bis heute erhalten; eine charakteristische Gestalt, die auch von den zum Teil verfremdenden Renovierungen der Einzelgebäude kaum zu beschädigen ist. Hingegen hat durch diese das ursprüngliche Aussehen der Einzelbauten, für deren Planung namhafte Architekten beauftragt wurden – genannt seien hier nur Oswald Mathias Ungers und Ludwig Leo –, sehr gelitten, so dass es schon Fotos aus der Entstehungszeit braucht, um die »eigentliche« Erscheinung der Großsiedlung beurteilen zu können. Zeitgenössische Ansichtskarten sind dafür ein tauglicher Fundus, zumal das MV, wie die Großsiedlung auch kurz genannt wird, ähnlich wie die Gropiusstadt durchaus eine Palette an Motiven bot. Zu verdanken war dies nicht nur der Gestaltung der Hochhäuser, die von expressiv geschwungenen polygonalen Formen bis zu streng orthogonalen Rastern eine Bandbreite aufweist, die die individuellen Entwürfe sofort deutlich werden lässt, sondern auch dem übergreifenden Farbkonzept, für das der Künstler Utz Kampmann verantwortlich zeichnete. Für das erwähnte Ineinandergreifen von vorhandener kleinmaßstäblicher Wohnbebauung und den neuen Strukturen der Großsiedlung besonders aussagekräftig sind allerdings nur wenige Exemplare.

Den Blick von Süden aufs Märkische Viertel zeigt eine Ansichtskarte mit dem Kindergarten Dannenwalder Straße des Architekten Finn Bartels im Vordergrund (**261**). Das eingeschossige Gebäude schließt an eine gestaffelte viergeschossige Wohnhausbebauung an, seine Farbgebung – graue Wände, blaue Fenster – ist an deren Erscheinung angepasst. Farbtupfer sind die zeittypischen Kletter- und Spielgeräte im Garten der Einrichtung. Interessanter aber ist der Blick auf die kleinteilige Wohnhausbebauung nördlich davon: ein Teil jenes baulichen Wildwuchses, der mit den neuen Hochhausgruppen eingehegt werden sollte. Die Hochhausgebirge am Wilhelmsruher Damm von Leo und Ungers bilden den Hintergrund der Ansicht. Dieses stark gegliederte Ensemble, geplant von zwei der wichtigsten Architekten ihrer Zeit, findet sich auch als eigenes Ansichtskartenmotiv, mal von der einen, mal von der anderen Seite aufgenommen; das markante Brückengebäude der Post mit seiner knallig-gelben Farbgebung mag seinen Teil zur Popularität dieser Baugruppe beigetragen haben. Die von Osten, aus Richtung des Zentrums aufgenommene Ansicht (**262**) bringt die Plastizität der rechterhand sich erhebenden Ungers-Hochhäuser gut zur Geltung mit dem starken Schattenwurf der »Schlafzimmertürme«, zwischen die die in der Fassade zurücktretenden Wohnräume »gespannt« sind. Während diese auf Ungers' Grundrisskonzept beruhende Gestaltung bis heute ablesbar ist, ging die Erscheinung von Leos Hochhäusern sanierungsbedingt verloren. Auch die Post ist ihrer poppigen Fassadenfarbe verlustig gegangen.

Die andere mehrmals ins Bild gesetzte Hochhausbebauung sind die Hochhäuser von Müller und Heinrichs, die sich östlich des Siedlungszentrums entlang des Senftenberger Rings nach Norden staffeln (**268, 271**). Ihre abwechselnd weißen und gelben Fassaden werden von rot gefassten Treppentürmen überragt und abschnittweise gegliedert – eine Gestaltung, die noch heute die Gebäude prägt. Eine vor dem Bau des Zentrums aufgenommene Ansicht der Hochhäuser am Senftenberger Ring zeigt allerdings auch sehr deutlich, dass die »Urbanität durch Dichte«, die den Planern der Großsiedlungen der Sechzigerjahre vorschwebte, auf ein entscheidendes Element verzichtete: eine mit Nutzungen belegte und so den öffentlichen Raum belebende Erdgeschosszone, die den Übergang vom Wohnen zur Stadt gestaltet. All das, was Wohngebäude zu Stadthäusern werden lässt, wurde hier auf die andere Straßenseite verlagert und konzentriert, im Zentrumsbereich.

Entsprechend gängig waren daher auch Ansichten aus diesem Teil des MV, der sich vom Wilhelmsruher Damm den Senftenberger Ring entlang nach Norden erstreckt. Hier gibt es ebenfalls eine Straßenüberbauung, die Kegelbrücke, die auf einer von Westen aufgenommenen Ansicht von Postbrücke und Leo-Hochhäusern im Hintergrund erkennbar ist **(265)**. Aus der Nähe fotografierte Karten **(266)** zeigen recht gut die funktionale Belegung dieses Bauwerks, das auf der Südseite des Wilhelmsruher Damms, zu Füßen der großen Wohnhochhausscheibe von René Gagès und Volker Theißen, eine Aral-Tankstelle integriert, auf der Nordseite ein Kino. Das Schlagwort von der »Urbanität durch Dichte« wird in einer solchen Funktionszusammenballung gut deutlich: Zehn Jahre zuvor wäre vermutlich für ein jedes Element ein eigener Baukörper ins Siedlungszentrum gestellt worden. Gut erkennbar ist auf diesen Ansichten auch das Baumraster. Es überzieht etliche Freiräume des Märkischen Viertels, vor allem die weitläufigen Parkplätze. Dass jenseits des gestalterisch dominanten Farbkonzepts in Teilen des Märkischen Viertels und in dem ebenfalls dominierenden Baumraster auch Kunst eine Rolle bei der Gestaltung des Großsiedlungsraums spielte, zeigt eine von der Landesbildstelle produzierte Ansichtskarte **(272)**: Sie ist ein Beleg dafür, dass das Bild der Großsiedlung offiziell als Ausweis von Modernität und Fortschrittlichkeit begriffen und in die Öffentlichkeit vermittelt wurde – zu einer Zeit, als mit den »Grenzen des Wachstums« des Club of Rome und dem Europäischen Denkmalschutzjahr längst andere Planungsansätze populär geworden waren, die die Berliner Baupolitik bald in eine andere Richtung lenken sollten: Die Internationale Bauausstellung 1984/87 setzte mit der bewahrenden Modernisierung in Kreuzberg wie mit der der umgebenden Stadt angepassten kleinteiligen Neubebauung in der Südlichen Friedrichstadt Maßstäbe, die bis heute Gültigkeit besitzen.

Doch noch einmal zurück ins Märkische Viertel. Denn dort existierte mit den bereits angesprochenen, von der Dominanz des rechten Winkels fortführenden Architekturkonzepten immerhin noch eine andere Ideen- und Gestaltwelt, die letztlich in der organhaften Architektur von Berliner Architekten wie Hans Scharoun und Hugo Häring wurzelt. Sie findet sich im Norden der Großsiedlung, wo sich etwa die Hochhäuser des Architekten Chen Kuen Lee mit dem westlich vorgelagerten Wasserspiegel des Seggeluchbeckens zu einem Siedlungsbild verbinden, das auch aus den Fünfzigerjahren stammen könnte – wären die Dimensionen nicht so hypertroph **(270)**.

»Hypertroph« – dieses Wort lässt sich auf viele Siedlungs- und Großsiedlungsprojekte anwenden, die um 1970 in der Bundesrepublik und der DDR im Entstehen begriffen waren. In der Bundesrepublik war dies ein paar Jahre früher zu beobachten, doch auch in der DDR tauchten neue Phänomene wie die »Altstadtplatte« auf, mit denen der in dieser Recherche betrachtete Zeitraum endet.

Berlin, Gropiusstadt
[100%]

248

Berlin-Rudow, Gropiusstadt
Erler-Allee Ecke Wutzkyallee
[80%]

249

Berlin-Rudow, Gropiusstadt
Zwickauer Damm
[100%]

250

Berlin-Rudow, Gropiusstadt
Hochhaus am Zwickauer Damm
[120%]

251

Berlin-Rudow,
Gropiusstadt
[100%]

252

Berlin-Rudow, Gropiusstadt
Einkaufszentrum am Rotraut-Richter-Platz
[100%]

253

Berlin-Rudow, Gropiusstadt
[100%]

254

Berlin-Rudow, Gropiusstadt
Häuser am Joachim-Gottschalk-Weg
[80%]

255

Berlin-Rudow, Gropiusstadt
Durchblick zum Gropius-Hochhaus
[100%]

256

Berlin-Rudow, Gropiusstadt 257
Hochhaus Wutzkyallee
[100%]

Berlin-Rudow **258**
Gropius-Hochhaus
[100%]

Berlin 259
Schwimmbad Gropiusstadt
[100%]

Berlin 260
Gropiusstadt
[80%]

Berlin, Märkisches Viertel 261
[80%]

Berlin, Märkisches Viertel 262
[100%]

Berlin, Märkisches Viertel 263
Eichhorster Weg
[100%]

Berlin, Märkisches Viertel
Wilhelmsruher Damm
[100%]

264

Berlin, Märkisches Viertel
[80%]

265

Berlin, Märkisches Viertel
[100%]

266

Berlin, Märkisches Viertel
Einkaufszentrum
[100%]

267

Berlin, Märkisches Viertel **268**
Senftenberger Ring
[120%]

Märkisches Viertel
Treuenbrietzener
Straße
[80%]

269

Berlin, Märkisches Viertel
Bezirk Reinickendorf
[100%]

270

Berlin, Märkisches Viertel 271
[100%]

Berlin, Märkisches Viertel
Bezirk Reinickendorf
[115%]

272

10 × 15 Zentimeter ganze Siedlung

Zum Abschluss sei kurz noch ein Blick nicht auf ein bauliches, sondern auf ein mediales Phänomen in diesem Zusammenhang geworfen: die Mehrbildkarte. Auf wenigen Zentimetern – seit Einführung des DIN-A6-Formats für Postkarten in den späten Fünfzigerjahren 10 × 15, bis dahin 9 × 14 Zentimeter – fasst die sogenannte Mehrbildkarte für den Empfänger zusammen, was ein Ort an Sehenswürdigkeiten zu bieten hat. Bis heute erfreut sich diese Art von Postkarte einer gewissen Popularität. Das ist insofern irritierend, als ihre winzigen Abbildungen kaum einen Eindruck vermitteln vom dargestellten Ort; man muss schon die Lupe nehmen, um zum Beispiel einen Passanten, einen Briefkasten oder eine Telefonzelle auf der Aufnahme zu entdecken und von dessen oder deren Größe auf die Dimension des Bauwerks schließen zu können. Was aber noch mehr Staunen hervorrufen mag, ist, dass auch die neuen Wohnsiedlungen mit derartigen Mehrbildpostkarten in die Welt verschickt werden konnten. Erlaubte eine Einzelansicht vielleicht noch die Wahrnehmung des einen oder anderen besonderen Details, schnurren die Varianten, Abweichungen und baulich-räumlichen Besonderheiten der neuen Wohngebiete auf einer Mehrbildkarte auf eine gestalterische Nulllinie zusammen, die den Eindruck völliger Austauschbarkeit vermittelt. Und selbst das, was in den neuen Siedlungen noch eine gewisse Erinnerungswürdigkeit entfalten mochte – etwa ein Wohnhochhaus, eine Kirche oder eine Platzgestaltung –, verliert in diesen Zusammenschauen jede Besonderheit. Im direkten Vergleich aber zeigen diese Mehrbildpostkarten im Zeitraffer die Entwicklung, die der Siedlungsbau in Ost- und West-Deutschland von den Fünfziger- bis in die Achtzigerjahre genommen hat: eine Art visuelles Daumenkino der vergangenen Zeit, als der Wohnungsbau, getragen von staatlichen oder zumindest gesellschaftlichen Strukturen, noch als Bestandteil der Innenpolitik begriffen und praktiziert wurde – in unserer heutigen, fast völlig privatisierten Wohneigentumswelt, in der das Pendel vom innerstädtischen Hochpreissegment auf der einen zur Einfamilienfertighaus-Wüstenei auf der anderen Seite schlägt, eine Erinnerung daran, dass die Wohnungsmarkt-Wirklichkeit sich nicht nur zur Zeit der deutschen Teilung, sondern auch seitdem nicht unbedingt zum Besseren entwickelt hat, architektonisch nicht, räumlich nicht und sozial schon gar nicht. Man lasse die Ansichtskarten ruhig wirken.

Schwerin
Großer Dreesch

273

Hagen-Boele
[80%]

274

Neue Siedlung Ffm.-Preungesheim
[100%]

6079
Sprendlingen bei Frankfurt am Main
Wohnstadt Hirschsprung
[100%]

275

Schwerin
Großer Dreesch
[80%]

276

Fürstenfeldbruck
Stadtteil West
[100%]

277

Gruß aus Baumberg am Rhein
[80%]

278

Greifswald
Neubaugebiet
Schönwalde II
[80%]

279

Rostock-
Lichtenhagen
[100%]

280

Jena-Neulobeda
[80%]

281

Puchheim bei München
Modernes Wohnzentrum im Westen Münchens
[100%]

282

Grüße aus Ludwigshafen-Rhein 283
Pfingstweide
[100%]

Städtebau zur Entspannung: Die Feriensiedlung

Wie geordnet und wohl strukturiert der Blick auf diesen Ort am Meer, verglichen mit dem Durcheinander am Stadtrand im vorigen Abschnitt: vorne gestaffelte Flachdachbungalows und Zeltdachhäuser, dahinter die drei vielgeschossigen Großstrukturen von Apartmenthäusern und klinischen Einrichtungen, im Hintergrund die Ostsee, verbunden das alles durch ein geschwungenes Straßennetz, das vermutlich reizvolle Eindrücke bereithält für den automobilen Urlauber. Denn das, was auf dem Ende der Siebzigerjahre gelaufenen Luftbild abgelichtet ist, ist eine Siedlungsstruktur der besonderen Art: die Ferienstadt Damp 2000 an der schleswig-holsteinischen Ostseeküste.

Was mir als Kind vor allem gefiel an der ab 1968 vom Kieler Architekten Otto Schnittger (1905–1983) geplanten und zum Zeitpunkt des als glücklich erinnerten Urlaubs im Mai 1977 noch nicht lange fertiggestellten Siedlung – die Eröffnung wurde im Juni 1973 gefeiert –, war die Großzügigkeit der Freiflächen. Die aus der DDR importierten Zeltdachhäuser und die poppig eingerichteten Flachdachbungalows, von denen meine Eltern einen gemietet hatten, standen in einem durchgehenden Grün, das keine Unterteilung durch Zäune oder Hecken kannte: eine große Spielwiese, in der die schnell geschlossenen Bekanntschaften leicht erreichbar und für einen Kick zu begeistern waren, und eine ganz andere Erfahrung von Siedlungsraum als die parzellierte Reihenhaussiedlung am Stadtrand von Paderborn, in der ich aufwuchs; anders aber auch als die Mietshauszeilen in ihrem Abstandsgrün im weiteren Wohnumfeld an Paderborns Berliner Ring, deren Rasen von Kindern in der Regel nicht betreten, zumindest aber nicht zum Fußballspielen benutzt werden durfte. In Damp 2000 war alles Aktivität, Bewegung, Freizeit, Erholung; ein Meer an Möglichkeiten, das sich in einem 14-tägigen Urlaub nur unzureichend auskosten ließ. Und trotz der Einheitlichkeit der Bebauung ging nie ein Kind verloren: Die Tiersymbole an den Haustürleuchten leiteten immer in den richtigen Bungalow zurück. Zumindest für einen Sechsjährigen war die »Landseite« von Damp ähnlich attraktiv wie die »Seeseite« vor den Hochhaus-Gebirgen.

Diese »Sternhäuser«, wie sie aufgrund ihrer dreiflügeligen Grundrisse auch genannt werden, sind naturgemäß die dominanten Elemente auf den Postkarten, die von Damp 2000 umgehend produziert wurden. Auf den Luftbildern lassen sie sich kaum ausblenden, doch standen sie ebenso als Einzelobjekt im Fokus des Interesses der Fotografen.

Häufiger aber sind Postkartenansichten des neuen Urlauberparadieses von der Seeseite, mit dem Bootshafen im Vordergrund. Eine der ersten wohl überhaupt von Damp 2000 produzierten Postkarten **(285)** – sie wurde schon Ende 1973, also ein halbes Jahr nach der Begrüßung der ersten Urlauber, von dort nach Düsseldorf geschrieben – zeigt das »Ostseebad der vier Jahreszeiten«, so der rückseitig aufgedruckte Werbespruch, als Hintergrund für vier »Wellenreiter«; zwischen Bildvorder- und -hintergrund erhebt sich die Anfang Winter 2012 abgerissene Hafenmeister-Pyramide, daneben liegt das Wahrzeichen des Ortes am Strand, das Museumsschiff *Albatros*, das inmitten der zukunftsfrohen

Damp 2000
Das farbige Ostseebad der vier Jahreszeiten

1 https://www.ndr.de/geschichte/schauplaetze/Damp-2000-von-der-Wiese-zum-Ferienresort-,damp200.html; abgerufen am 17.04.2021.

2 https://www.shz.de/lokales/eckernfoerder-zeitung/vom-fischerdorf-zum-medizin-zentrum-id15832211.html.

3 https://www.faz.net/aktuell/reise/der-bauboom-der-siebziger-jahre-an-schleswig-holsteins-betonkueste-16846317.html, abgerufen am 17.04.2021.

Umgebung eine Verbindung zur Geschichte herstellt. Entsprechend präsent ist die *Albatros* im Bilderbogen des neuen Ostseebads: Ist die Marina Motiv, dann ist der auf Sand gesetzte Dampfer üblicherweise mit im Ausschnitt des Fotos – egal, ob die Kamera von der Seeseite auf die Skyline von Damp gerichtet ist oder aus einem der Sternhäuser auf die Ostsee.
Als eine pure Verwirklichung des Urlaubgedankens im Siedlungsmaßstab ist Damp 2000 ein passendes Bindeglied, um in einem kommenden Band Bilder eben dieser Infrastruktur für den Erholungsuchenden zu betrachten – vom Minigolfplatz zur Abfahrtskipiste, vom Campingplatz zur Urlaubersiedlung.

Damp 2000
2335 Damp 2/
Ostsee
[100%]

284

Damp 2000
Das farbige
Ostseebad der
vier Jahreszeiten
[100%]

285

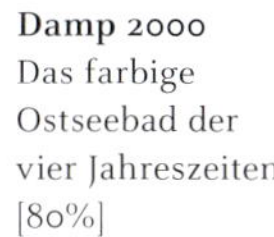

Damp 2000
Das farbige
Ostseebad der
vier Jahreszeiten
[80%]

286

Bildrechte: Verlage und Fotografen

Aero-Expreß, München: 56

VEB Ansichtskartenverlag Köthen: 115, 229, 238, S. 200/201 (Foto: Melzer)

Heinrich Arnt, Lübeck: 98

Auslese-Bild Verlag, Bad Salzungen: 179

Berger Verlag, Sennestadt: 172

L. Betsch, Iserlohn-Nußberg: 201

Bild-Druck & Verlag, Lübeck: 203

VEB Bild und Heimat, Reichenbach i. V.: 121 (Foto: Albrecht), 182 (Foto: Berthold), 220 (Foto: Boden), 168 (Foto: Corazza), 110, 113, 129, 133, 166 (Foto: Darr), 116 (Foto: Diener), 12, 15 (Fricke), 175, 200 (Foto: Hildebrand), 186, 218 (Foto: Hoffmann), 279 (Foto: Ihlow), 107, 131, 184, 206 (Foto: Kampmann), 197 (Foto: Karpf), 122 (Foto: Keil), 247 (Foto: Dr. Klier), 105, 112, 123, 147, 164, 177, 222 (Foto: Kühn), 169, 214 (Foto: Lange), 16 (Foto: Lehmann), 243 (Foto: Melzer), 17, 20 (Möller), 108, 146 (Foto: Mohr), 11 (Peukert), 213 (Foto: Remd), 101, 134, 160, 181, 199 (Foto: Schlegel), 246 (Foto: Sickert), 124, 209, 276 (Foto: Schmidt), 212 (Foto: Sieber), 127, 211, 216, 221, 281 (Foto: Stöhr), 280 (Fotos: Treder), 185 (Foto: Vorköper), 196, 207, 210, 219, 242, 244, 245

Schreibwaren Brechter, Ulm (Do.): 94, 153

Ulrich Brinkmann: Inhaltsseite

Bürgervereinigung „Fürstenberg (Oder) e. V.“: 21 (Foto: Südhoff)

Robert Cornely Verlag, Bad Wörishofen: 39, 47

Cramers Kunstanstalt, Dortmund: 25, 29, 30, 46, 90, 92, 120, 155, 156, 159, 285, 286

Kunstverlag F. H. Dennerlein, Nürnberg: 202

Grusskarten-Verlag Deutsch, Schwalbach: 271

Papierhandlung Otto Dörpmund, Bad Grund: 100

Ansichtskartenverlag W. Feldmann, Sindelfingen: 91

VEB Foto-Verlag, Erlbach i. V.: 228, 230, 240 (Foto: Schüller), 162, 163 (Foto: Wanke)

Herbert Frille, Berlin-Spandau: 143

Gebr. Garloff, Magdeburg: 173

Verlag R. Gorzinski, Mannheim: 224

Graphokopie H. Sander, Berlin: 3, 7-10, 13, 14, 18, 19, 106, 117, 128, 135, 137, 139, 145, 167, 198, 217

Martin Großkopf Schreibwaren, Wolfsburg: 32

Heldge Verlag, Köthen: 104, 235, 237, 241 (Foto: Kühn), 147, 161, 165, 176, 208, 231, 232, 233, 236, 239

Verlag W. Hofacker, Eckernförde: 284

Color-Studio Jaenecke, Ludwigshafen: 283

Stoja-Verlag Paul Janke, Nürnberg: 103

Graph. Kunstanstalt Kettling & Krüger, Schalksmühle: 273

H. Kipp-Sprüngli, Hannover: 79

Industriefotografen Klinke & Co, Berlin: 71

Wolfgang Hans Klocke Verlag, Paderborn: 95

Rudolf Koderer, Ruhpolding/Obb.: 50

Carl Köfer, Berlin: 73, 74, 76, 77, 78, 80, 86

Foto Kohlbauer, Pfronten (Allgäu): 43

Verlag B. Koll, Aachen: 278

konsum fotocolor magdeburg: 180 (Foto: Brumm), 178, 205 (Foto: Rogge)

Konsum-Fotohaus Cunewalde: 226 (Foto: Borsch)

Krapohl-Verlag, Schloß Hülchrath: 190, 191

Krüger: 52, 53, 150, 248, 260, 265, 266

Kunst und Bild, Berlin: 75, 81, 82, 83, 85, 141, 142, 249-259, 261, 263, 264, 267-269, S. 218/219

Ferdinand Lagerbauer & Co., Hamburg: 27, 28, 154

Landesbildstelle Berlin: 270, 272

Lederbogen-Verlag, Goslar: 31, 33, 34, 35, 36, 37, 38

August Lengauer, München: 138, 152

Gerhard Lessmöllmann Spielwaren Schreibwaren, Bockum-Hövel: 109

Photo Lill, Hannover: 26

Kurt Lorenz, Goslar/Werner Mempel, Hannover: 149

Verlag Papier Lüders, Ahrensburg: 148

LUX-Ansichtskarten-Verlag, Hannover: 24

Foto Maasberg, Braunschweig: 118, 125

J. Maier Gebirgskartenverlag, Frasdorf b. Rosenheim: 55

Hans F. Martin Verlag, Frankfurt/M.: 89

Verlag Hans Melchert, Fürstenfeldbruck: 130, 277

Werner Mempel Graphische Anstalt, Hannover: 22

Gebr. Metz, Tübingen, Haus der Geschichte Baden-Württemberg, Sammlung Gebr. Metz: 96, 171, 275

H. Michaels Schreibwaren, Traunreut/Obb: 54

Franz Milz, Füssen/Allgäu: 44, 45, 49

Otto Müller, Waldbröl: 102

Verlag Erhard Neubert, Karl-Marx-Stadt: 6, 195 (Foto: Kühn), 111, 225

Oberfränkischer Ansichtskartenverlag, Bayreuth: 51

Postkartenverlag Pierron, Saarbrücken: 158

Planet-Verlag, Berlin: 126, 136 (Foto: Corazza), 234 (Foto: Kühn), 194, 215

Josef Pohlen Lichtdruckverlag, Düren-Birkesdorf/Rhld.: 97

Postkarten-Verlag, Berlin: 87

RNK Ansichtskartenverlag, Braunschweig: 23

Alfred Rößler Buch- und Papierhandlung, Kaufbeuren-Neugablonz: 42 (Foto: Kohlbauer), 40, 41, 48

Rosen-Bild-Verlag, Schwalbach b. Frankfurt/Main: 274

Buchhandlung Schabacker, Hagen-Vorhalle: 192

Ilse Schaper, Schreib- und Tabakwaren, Do-Scharnhorst: 174

Bromsilberdruck S. Schatz, Berlin: 70

H. C. Schmiedicke Kunstverlag, Leipzig: 227 (Foto: DER NEUE WEG/Lohse)

Foto- und Kunstverlag Bruno Scholz, Ebersbach: 132, 183

Ernst Simon, Lübeck-K.: 170

Stramm & Co, St. Michaelisdonn/Holst.: 187, 188, 189, 223

Bildverlag Artur L. Traut, Welzheim: 193

Harald Tschernich, Nürnberg: 282

Verlag Vahrer Echo, Bremen: 204

Verlag „Die Ansichtskarte“, Kassel: 99 (Foto: Fritz Menzel)

VEB Volkskunstverlag, Reichenbach i. V.: 1, 2, 4, 5

Verlag Günter Vopel, Bremen: 93

Foto- und Ansichtskartenverlag Ewald J. Wagenhut, Porz-Wahn-Heide/Rhld.: 114

Verlag Max Weiss, Ingolstadt/Donau: 151

Den Verlagen sei für die Genehmigung zum Abdruck der Karten in diesem Buch herzlich gedankt! Nicht immer allerdings war es möglich, die Freigabe zur Reproduktion einzuholen, da viele der aufgelisteten Verlage nicht mehr existieren und die heutigen Inhaber der Bildrechte nicht ermittelt werden konnten. Eine Abbildung gegen den Willen der Rechteinhaber lag auf keinen Fall in der Absicht des Autors. Sollten nicht ermittelte Rechteinhaber nachträglich auf diese Publikation aufmerksam werden, melden sie sich daher bitte beim Verlag.

Ulrich Brinkmann

Ulrich Brinkmann, 1970 in Paderborn geboren, lebt in Berlin. Architekturstudium an der Universität (heute TU) Dortmund mit Abschluss Diplom-Ingenieur, seit 2000 Redakteur der *Bauwelt*. 2015 Villa-Serpentara-Stipendiat der Berliner Akademie der Künste in Olevano Romano, 2022 Casa-Baldi-Stipendium der Deutschen Akademie Rom Villa Massimo, ebenfalls in Olevano Romano. 2020 und 2023 erschienen bei DOM publishers die ersten beiden Bände dieser Recherche *Achtung vor dem Blumenkübel! Die Fußgängerzone als Element des Städtebaus* und *Vorsicht auf dem Wendehammer! Die Straße als Element des Städtebaus*. Brinkmann wohnt seit 2007 im Berliner Hansaviertel.

Die *Deutsche Nationalbibliothek* verzeichnet diese Publikation in der *Deutschen Nationalbibliografie*; detaillierte bibliografische Daten sind im Internet über http://dnb.d-nb.de abrufbar.

ISBN 978-3-86922-886-0

Lektorat
Uta Keil

Gestaltung
Nicole Wolf

Druck
Tiger Printing (Hong Kong) Co., Ltd.
www.tigerprinting.hk

Diese Publikation wurde möglich dank der großzügigen Unterstützung der Städte Berlin, Eisenhüttenstadt, Halle (Saale) und Wolfsburg.